小学校社会

問題解決的な学習の支え方

子どもが進んで学び出す

横田富信［著］

明治図書

はじめに

「他の方からもらった指導案通りに社会科の授業をやっても、うまくいかないんです」

こういう悩みをおもちの方にお会いすることがあります。

とても共感できる言葉です。

私は常々、**「指導案には必ず『すきま』がある」**と感じています。

指導案は紙幅の関係上、どうしても大まかな活動のみを書くことになります。また留意点も同時に示されてはいますが、そのイメージは、読み手によって捉えが微妙に異なってしまいます。

こういったことから「指導案には必ず『すきま』がある」と感じるのです。

しかし、この「すきま」にこそ、授業がうまくいくポイントが潜んでいるのです。授業がうまくいくためには「指導案に書かれていない『すきま』の部分をいかに成立させるか」が重要です。

そのためには、次の２つの視点をもって授業に臨む必要があると考えます。

・その学習活動のポイントは何なのか。
・学習活動と学習活動の橋渡しはどうすればよいのか。

本書は、この指導案には表れにくい「すきま」の部分に着目して書いています。

さて、２０１７年告示の学習指導要領をきっかけに、「主体的・対話的で深い学び」をキーワードとした授業改善が進められています。本書でももちろん「主体的・対話的で深い学び」ができるようになる子どもを目指しています。

とはいえ、主体的な学びができる子ども、進んで学び出す子どもをはぐくむとは、「教師がいっさい手を出さない」という意味ではありません。

私は、**教師が子どもの活動を支えるよう振る舞うことで成り立つもの**であると考えています。

ですから、本書で書かれていることの根っこにあるのは、「指導案の『すきま』の部分で、陰ながら教師はどうすればよいのか」ということです。

本書は、第0章「授業の準備」から、4章「振り返る」まで、単元の流れと対応するように構成しています。

第0章「授業の準備」では、主体的・対話的で深い学びを成立させる基盤について、意識づけ、板書、教材研究等の視点から述べています。

第1章「つかむ」では、学習問題づくりと学習計画づくりの視点から、学習の目的をもったり見通しをもったりすることについて述べています。

第2章「調べる」では、情報収集や考察、話し合いの視点から考えを形成していくことについて述べています。

第3章「まとめる」では、図に整理することや学習問題について話し合い考えをまとめていくことに着目し、子どもたちが深く理解することについて述べています。

第4章「振り返る」では、新たな問いをもったり自己評価したりすることに着目し、学びを次に生かすことについて述べています。

これらが、読者の皆様と、皆様の学級の子どもたちのお役に立てるならば幸いです。

横田富信

2022年6月

目次

第1章 つかむ 学習問題を把握する

第2章
調べる
学習問題を追究する

第3章
まとめる
学習問題を解決する

第4章 振り返る

学習成果を捉え直し、新たな問いについて考える

第0章

授業の準備

「話し合い言葉」を子どもとつくる

「話し合いがうまくいきません…」
「子ども同士が考えをつなぎ合おうとしないんです…」

話し合いについて、こんなふうに悩んでおられる先生にしばしば出会います。
現行の学習指導要領では「主体的・対話的で深い学び」が強調されました。「対話的」という言葉には、多様な意味が含まれてはいますが、やはり学習中の「話し合い」は重要な位置づけと言えるでしょう。

そもそも「話し合い」とはどのようなものなのでしょうか。私は、次の２つの形があると考えています。

①1つの話題について考えを出し合い、積み重ね、妥当性のあるものを見いだすもの
②対立している内容について検討し、決定をするもの

どちらを扱っても、社会科の授業では問題はないと思います。そのうえで、**話し合いを成り立たせるためには、「話題」と「子ども同士の考えをつなぐ意識」が必要**であると考えます。

「話題」については「問い」がそれに当たるでしょう。本時で話し合う「問い」の質によって、話し合いの正否が左右されます。

一方、「つなぐ意識」については、子どもがどのような言葉を使うかがかかわってきます。

私はこの「つなぐ意識」をはぐくむために、**「話し合い言葉」**を年度当初に子どもたちとつくるようにしています。

■第3学年「授業開き」

次ページにある写真は、3年生の子どもたちと授業開きでつくった「話し合い言葉」です。左側の列に、話し合いが充実するための項目が並べてあります。中央の列は、その具体的な話し方をあげています。

例えば、「理由を言う」の具体は「なぜなら～」、「つけ足す」の具体は「～さんにつけ足しで」といった形です。

子どもたちがまず使えるようにしたいのは、「比べる」の「～さんと似ていて」「～さんと違って」です。これを使えるようになると、学級全体での話し合いがつながるようになっていきます。

この「話し合い言葉」は、**教師が提示するのではなく、「子どもとつくる」というのがポイント**です。最初は教師が教えなくてはいけないものもあるかもしれません。しかし、子どもとつくるようにすることで、普段使っている言葉から意識づけしていくことができ、定着しやすくなります。

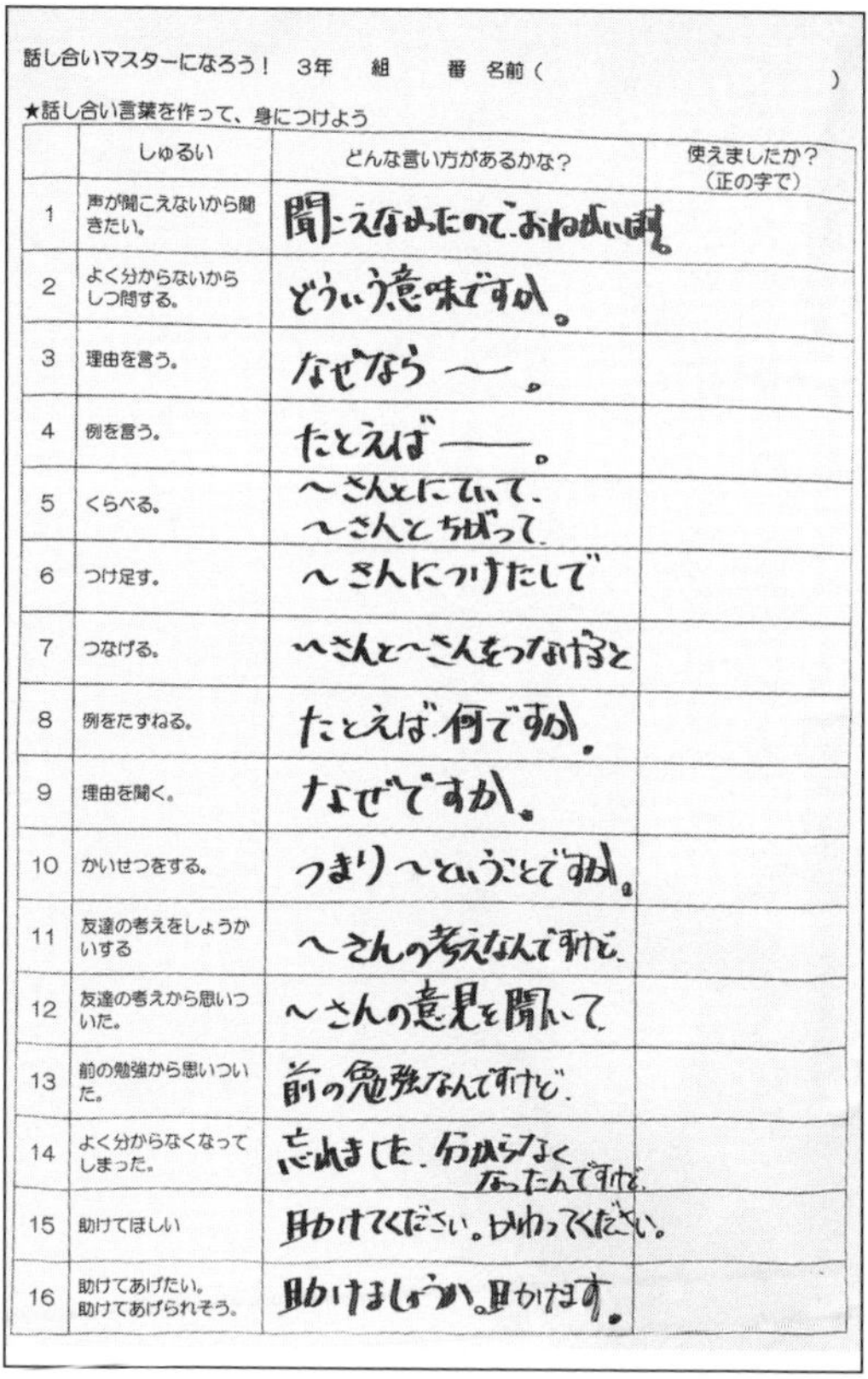

話し合いマスターになろう！　3年　組　番　名前（　　　）

★話し合い言葉を作って、身につけよう

	しゅるい	どんな言い方があるかな？	使えましたか？（正の字で）
1	声が聞こえないから聞きたい。	聞こえなかったのでおねがいします。	
2	よく分からないからしつ問する。	どういう意味ですか。	
3	理由を言う。	なぜなら～。	
4	例を言う。	たとえば――。	
5	くらべる。	～さんとにていて、～さんとちがって	
6	つけ足す。	～さんにつけたして	
7	つなげる。	～さんと～さんをつなげると	
8	例をたずねる。	たとえば、何ですか。	
9	理由を聞く。	なぜですか。	
10	かいせつをする。	つまり～ということですか。	
11	友達の考えをしょうかいする	～さんの考えなんですけど、	
12	友達の考えから思いついた。	～さんの意見を聞いて、	
13	前の勉強から思いついた。	前の勉強なんですけど、	
14	よく分からなくなってしまった。	忘れました。分からなくなったんですけど。	
15	助けてほしい	助けてください。かわってください。	
16	助けてあげたい。助けてあげられそう。	助けましょうか。助けます。	

「『例をたずねたい』と思ったら、どんな話し方がありますか？」

「『例えば何ですか』と言ったらいいと思います」

このようにして、「話し合い言葉」をつくっていき、学習中に使えるようにしていきます。一朝一夕には定着しませんが、粘り強く声かけしていくことで、話し合いが充実するようになるのです。

ノートは問題解決的な学習の流れで書く

「ノート指導はどうしていますか？」

「ノートをしっかりと書かせられなくて困っています…」


私がしばしば受ける質問です。

ノート指導をどうするかは、悩まれる方が多いことでしょう。私自身も未だに迷いが生じることはあります。自問自答を繰り返すことも多々あります。

ノートは何のために書くのか。つまり、子どもにとっての「ノートを書く目的」を教師として明確にしておく必要があります。

私は、**「思考するため」「思考したことを振り返るため」**という目的を意識してノート指導をしています。

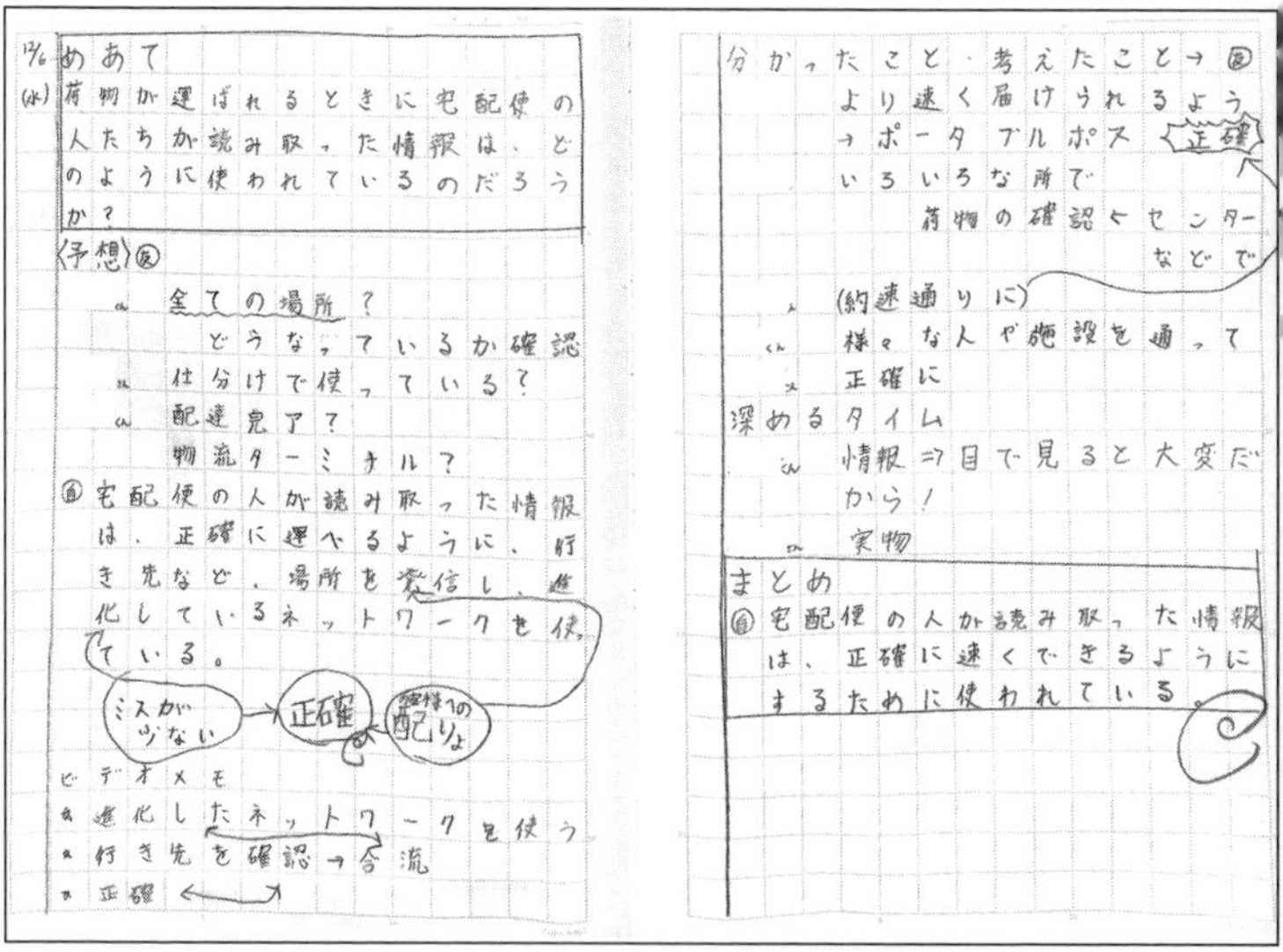

最近はタブレット端末を子どもたちが持つようになり、板書を写真に撮ることもあるようですが、**記録することとノートに書くことは違います**。手書きにこだわるわけではありませんが、頭と手を使ってノートを書いていくことは思考力を身につけることにつながると感じています。

こういったことから、ノート指導では次のことを大切にするとよいでしょう。

「どこに何を書くのか」ではなく「どのような順で何を書いていくのか」ということに重点を置く。

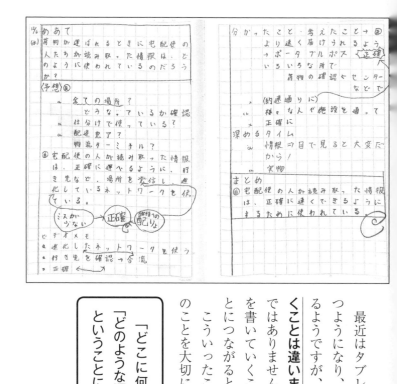

■第5学年「情報を活用する産業」

前ページで示したのは、第5学年「情報を活用する産業」のノートです。次のような順序で書いています。

①本時のめあて（問い）
②予想
③資料を基にした自分の考え
④話し合いの記録
⑤まとめ

この順序をご覧いただければ、問題解決的な学習の流れになっていることがわかると思います。

本時の問いを設定し、それに対して予想をする→集めた情報（資料）を基に問いに対する自分の考えを書く→学級全体で話し合ったことを生かして、問いに対する自分のまとめを書く。

このようにノートが構成されているのです。「③資料を基にした自分の考え」のところ（ノート左側中段）では、文章で考えを表現することに加え、丸囲みでその根拠を示しています。ここには論理的な思考が表現されていることも読み取ることができます。

このようなノートの書き方を、私は2つのことを通して指導しています。1つは**板書を通して**です。後述の通り、板書の流れは基本的にノートの流れと同じです。考えの表現の仕方も、板書の書き方を基にして子どもたちに指導しています。

もう1つは、**よいノートを他の子どもたちに紹介することを通して**です。紹介する際には、「なぜこのノートの書き方がよいのか」ということの解説も交えるようにしています。

デジタルが普及した現在でも、手書きをすることは必要です。ノートを書くことは論理的に考える習慣にもつながるでしょう。

板書も問題解決的な流れに沿って展開する

私が教員生活7年目のときのことです。

私は、子どもたちにたくさん発言してもらいたいと思っていました。そのような思いから、「子どもが発言したことは全部黒板に書いてあげよう」と考えていました。

そのため、黒板は文字でいっぱい。所狭しと子どもの発言内容が書かれていました。黒板を見て、自己満足している自分がいました。

そんなあるとき、私の授業を参観してくださったベテランの先生が言われました。

「横田さんは子どもたちの考えをびっしりと黒板に書いているね。これは板書が上手とは言えないよ。これは厳しく言うと『メモ』だよ」

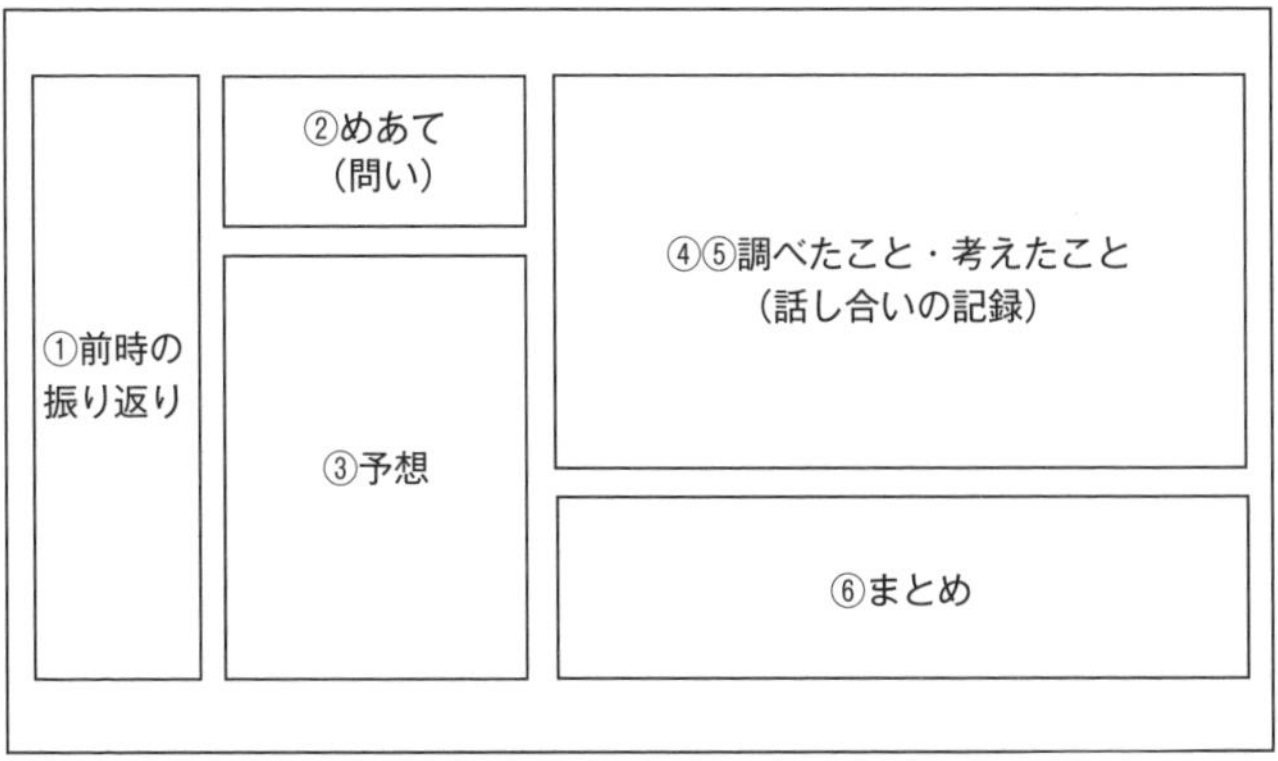

私にとって、この一言は、板書について考え直すきっかけになりました。

板書は、**意図をもって構造的に書く**必要があります。

具体的には問題解決的な展開に沿って整理していきます。

例えば、上のような形です。

ここ最近、教師にはファシリテーターとしての技術が求められることが多くなっています。

教師は「教える」ことを大切にしながらも、**子どもたちの思考が活性化するよう、「導く」ように振る舞うということ**です。

そのためには、板書で、発言内容をグルーピングしたり書く場所によって対立関係になっていることが見えるようにしたりする必要があるのです。

■第5学年「自然条件と人々のくらし」

次ページの板書は、第5学年「自然条件と人々のくらし（長野県野辺山原）」単元のものです。

この板書は、次のような順に進んでいます。

①前時の振り返り

ここでは、子どもたちと前時の学習について振り返ったことを板書します。「前時の問い↓自分が書いた前時のまとめ↓学習計画の確認」という流れです（後述pp32～35）。

②本時のめあて（問い）

学習計画を確認して、子どもと共有した本時の問いを板書します。

③予想

本時の問いに対する予想を書きます。文末に「？」を入れると、子どもたちは「あくまで予想」という意識をもつようになります。

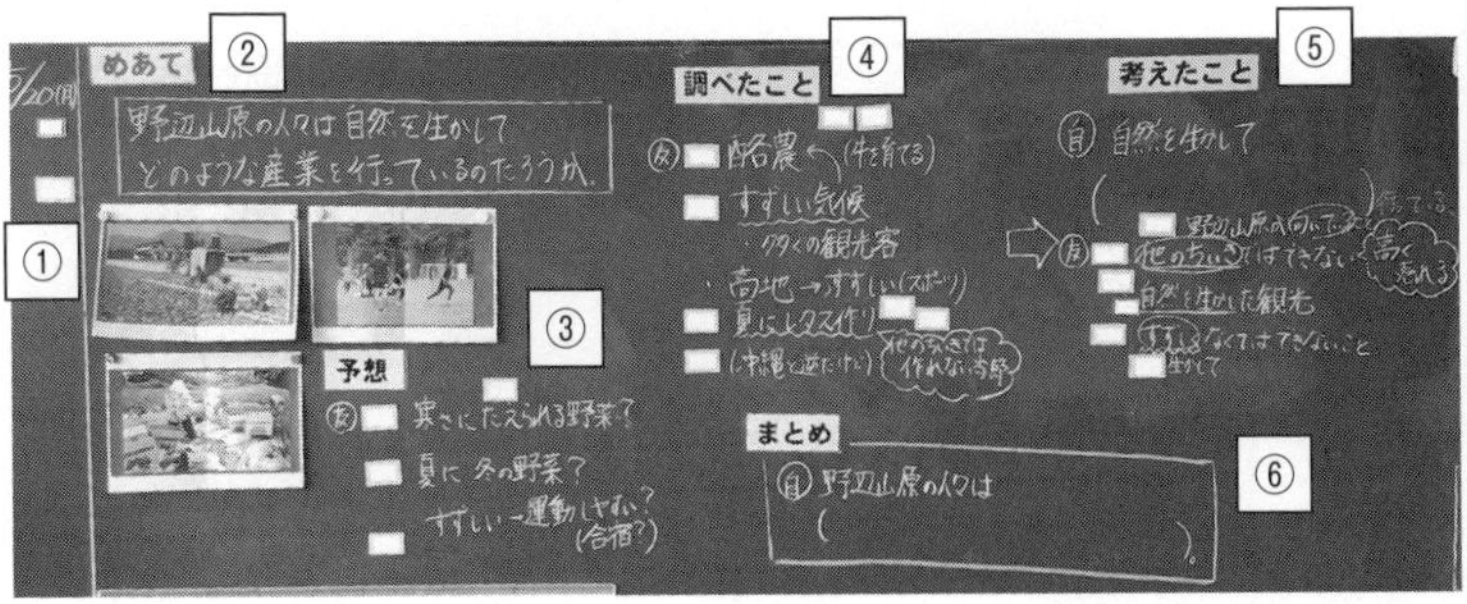

④調べたこと（情報共有）

資料などから見つけたことを子どもたちが発表し、それを分類・整理しながら板書します。

⑤考えたこと（情報を基にした話し合い）

子どもたちが考えたことを、分類・整理しながら板書します。

⑥まとめ

話し合いを生かして一人ひとりが文章化します。文型を示すことで、書くのが苦手な子への支援としています。

子どもたち一人ひとりが考えをもてるようになるために、板書の構成を意識しましょう。

こうすることは、前項で述べたように、子どもたちがノートを適切に書けるようになることにもつながるのです。

学習指導要領解説と教科書を熟読し、教師が「見方・考え方」を働かせる

学習指導要領解説社会編では「社会的な見方・考え方」（小学校では「社会的事象の見方・考え方」）について、次のような説明がされています（ｐ６）。

> （前略）「社会的な見方・考え方」は、社会科、地理歴史科、公民科としての本質的な学びを促し、深い学びを実現するための思考力、判断力の育成はもとより、生きて働く知識の習得に不可欠であること、主体的に学習に取り組む態度や学習を通して涵養される自覚や愛情等にも作用することなどを踏まえると、資質・能力全体に関わるものであると考えられる。

「社会的事象の見方・考え方」は、「位置や空間的な広がり、時期や時間の経過、事象や

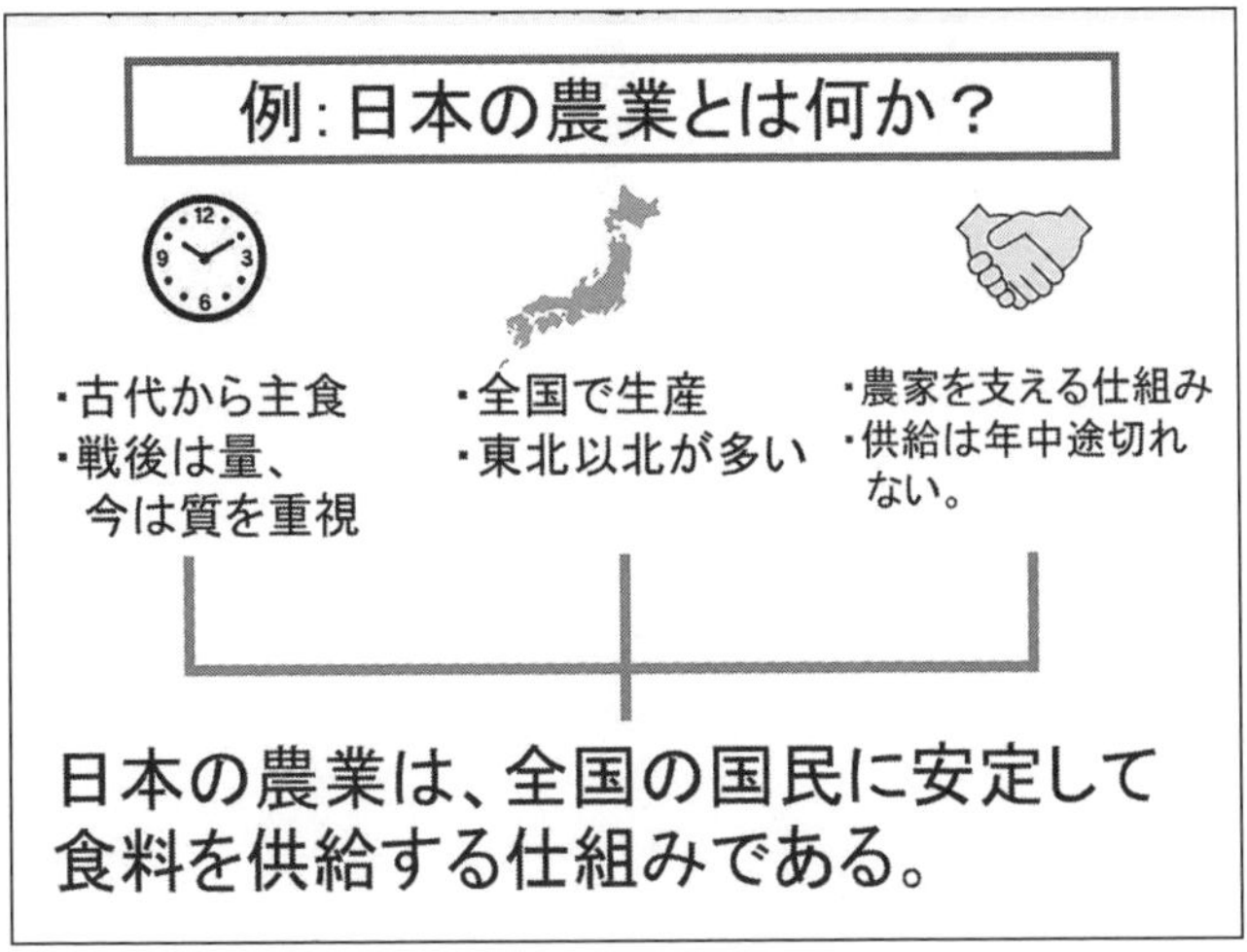
例：日本の農業とは何か？
12
3
6
9
・古代から主食
・戦後は量、
今は質を重視
・全国で生産
・東北以北が多い
・農家を支える仕組み
・供給は年中途切れ
ない。
日本の農業は、全国の国民に安定して
食料を供給する仕組みである。

人々の相互関係などに着目して（視点）、社会的事象を捉え、比較・分類したり総合したり、地域の人々や国民の生活と関連付けたりすること（方法）」と説明されています（同p18）。また、**教師が教材や資料を準備する際に、「社会的事象の見方・考え方」を意識することの必要性**も示されています（同p19）。

これらを踏まえると、まずは教師として「見方・考え方」を働かせて教材研究をする必要があります。

例として、第5学年農業単元の場合、「見方・考え方」を働かせて教材研究をすると、上のようなことを見いだすことができます。

このようにすることで、この教材の本質的な内容を教師として捉えることができるのです。

■第3学年「市の様子の移り変わり」

教科書（や各地区の副読本、資料集など）の紙面には、この単元における「位置や空間的な広がり」「時期や時間の経過」「事象や人々の相互関係」にかかわる内容が示されています。

●位置や空間的な広がり

・鉄道は市の北側と中央、南側に位置している。
・農地は市の西側に広がっている。など

●時期や時間の経過

・農地は年を追うごとに減少していき、代わりに住宅地が増えている。など

●事象や人々の相互関係

・鉄道の広がりによって駅が各地にできたことで商業地がつくられるようになった。

・鉄道の広がりによって、他地域に通勤・通学する人が増えた。など

これらを関連づけることによって、市がどのように移り変わってきたのかを、まずは教師が捉えることができるようになります。

このように「見方・考え方」を教師が働かせて教材研究をすることには、次のようなメリットがあります。

・**発問や本時の問いなどを構想することができるようになる。**

・**学習中に子どもが表現したことを価値づけることができるようになる。**

この後、第1章から、具体的な授業場面における教師の指導技術を紹介していきますが、同時に、深い教材研究も大切にして授業に臨んでいただきたいと思います。

第1章

つかむ

学習問題を把握する

単元のスタートは、前単元の振り返りから入る

第3学年「事故や事件からくらしを守る」の学習問題づくりの場面です。

事故現場の写真や市内の事故件数の変化のグラフを提示しています。

「事故にあってしまった人はどうなったんだろう?」

「自動車が凹んでいて、怖いね?」

「なんで事故が起きるんだろう」

「事故が平成15年は5600件もあって、びっくりしました」

子どもの率直な発言が活発に続いていますが、事件や事故を防ぐ「社会の仕組み」や「人々の働き」にはつながりません。

この単元は、前単元「火事からくらしを守る」の学習との強い関連があります。しかし、子どもの中に、前単元で学習した火事を防ぐ「社会の仕組み」や「人々の働き」が意識されていないため、表面的な考えに終始してしまうのです。

学習問題づくりは、その単元を学習する意味を子どもが見いだす活動です。ですから、その単元の核となる資料から問題づくりを行います。

これに加え、前単元までのつながりを意識させることで、深みのある問いを子どもたちが見いだせるようになっていきます。

私は、**新しく始まる単元であっても、前時の振り返り、つまり前単元の終末部分の振り返りから始めるようにしています。**後の項で述べますが、私の学級では、授業開始のあいさつの後、次のように子どもたちの言葉から単元をスタートしています。

「前回のめあては○○○でした」
「私が考えた学習問題についてのまとめは（私の考えは）、…」

■第3学年「事件や事故からくらしを守る」

この単元の冒頭は次のように始まりました。

「前回のめあては、『火事からくらしを守るために、自分たちはなにができるだろうか』でした」

「私（の考え）は、火事を見つけたらすぐに119番しようと思いました。なぜなら、119番をすると、すぐに消防署などに連絡がいって、火事が広がらないからです」

「ぼくの考えは、学校での避難訓練をしっかり行うということでした。消防士さんが火を消してくれるけど、その前に自分の命をしっかり守ることが大切だからです」

その後、交通事故が起きた後の写真や地域で事故が起こりやすい場所の地図、事故の件数の推移がわかるグラフを提示して、疑問を出し合いました。

次ページの板書は、第1時後半部分のものです。

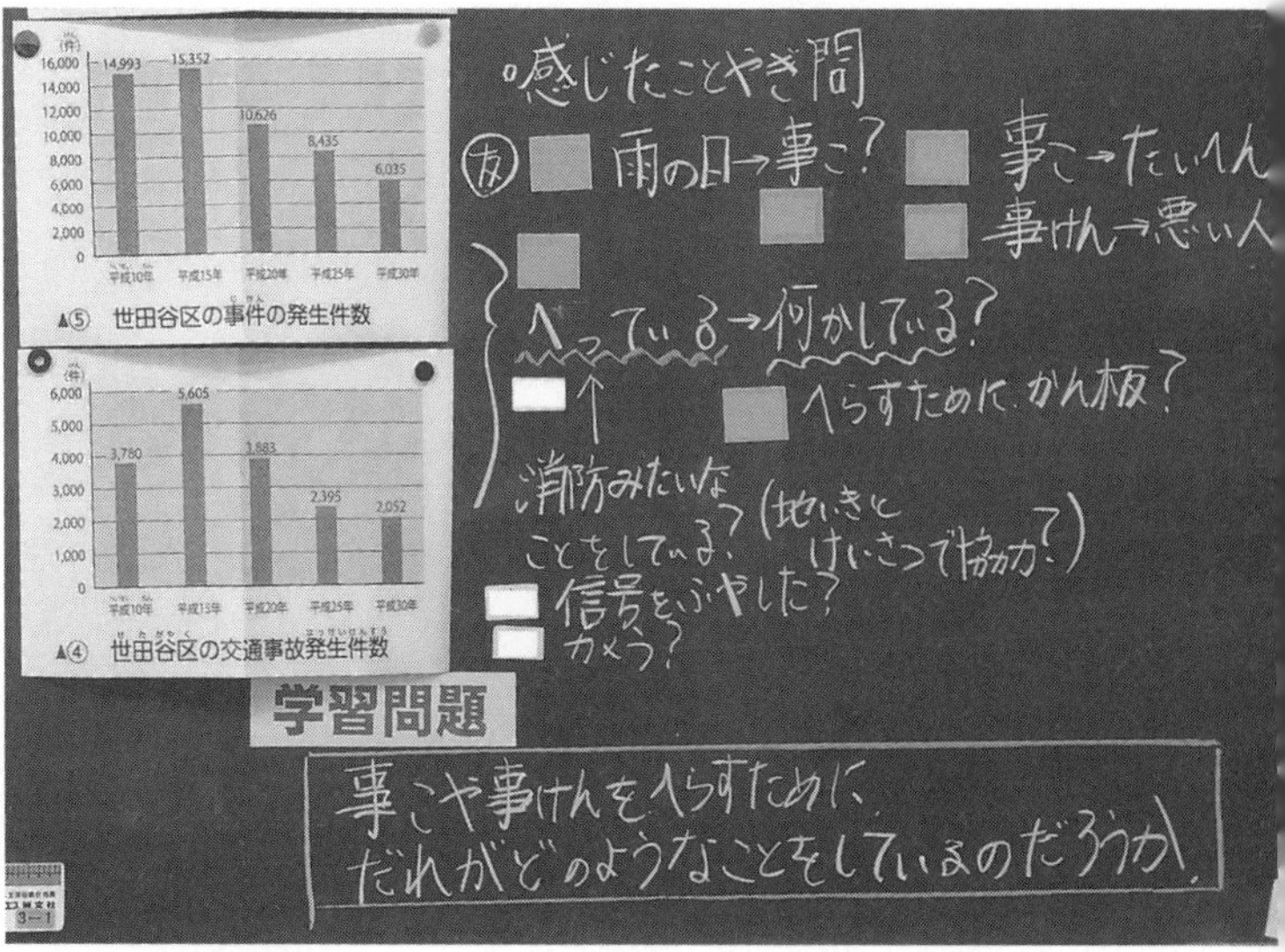

世田谷区の事件の発生件数
世田谷区の交通事故発生件数
感じたことやぎ問
雨の日→事こ？
事こ→たいへん
事けん→悪い人
へっている→何かしている？
へらすために、かん板？
消防みたいなことをしている？
（地いきとけいさつで協力？）
信号をふやした？
カメラ？
学習問題
事こや事けんをへらすために、だれがどのようなことをしているのだろうか。

事件や事故が減っていることについて「消防みたいなことをしているのかな」「地域と警察で協力しているのかな」といった発言が子どもたちから出てきています。そうして、学習問題は「事故や事件を減らすためにだれがどのようなことをしているのだろうか」となりました。その裏には「火事を防ぐことと同じような取り組みがあるはずだ」という子どもの意識が流れているのです。

新しい単元が始まったとしても、それまでの学習をリセットするのはもったいない。**既習を意識する場面を意図的に設定することで、考え方に深みが出るようになります。**

単元名の前に、視覚的な資料を提示する

第6学年「明治の国づくり」の第1時の場面です。

「今日から明治時代の学習です（単元名を板書）」

子どもたちは板書された単元名をノートに書き写します。

先行して学習している子や歴史好きの子は、「いよいよ明治時代になるんだな！」という気持ちでわくわくした表情をしています。

一方で、「明治時代って何…？」と、まったくイメージがわかない子どももいます。

このようにして授業をスタートすると、「知っている子が優位」という状況をつくり出してしまいます。また、このような状況が続くと、何も知らない子は参加できない雰囲気

になっていきます。ですから、**授業外で身につけた知識のあるなしにかかわらず、全員が学習に参加できるようにすることが必要**です。

そのためには、**写真やイラスト、グラフ、動画など、視覚的な資料提示から始めることが有効**です。

例えば、写真は特定の場面を切り取って表現したものですから、何が写っているのかを全員が見つけることができます。

また、イラストは、写真のように特定の場面を切り取って表現したものですが、より特徴がわかりやすく表現されているので、描かれているものが見つけやすくなっています。

グラフは、データの傾向をひと目で把握できるようにしたものです。グラフを提示することで、「量が多い（少ない）のはどれか」「どのように変化（増減）しているか」といったことを全員が見つけることができます。

> ・文字情報中心の提示…文字の意味を捉えるために、既有の知識が必要となる。
> ・視覚的な資料提示　…表面的な情報を直観的に捉えることができる。

■第6学年「明治の国づくり」

この単元の冒頭で前単元の振り返りをした後、2つの視覚的資料を提示しました。1つは、江戸時代末ごろ（1860年ごろ）の日本橋近くの様子を描いた絵、もう1つは明治時代はじめごろ（1880年ごろ）の日本橋近くの様子を描いた絵で、いずれも教科書に掲載されています（東京書籍『新しい社会　6　歴史編』pp102〜103）。ともに同じ地点を描いた絵ですが、両者の間は20年程度の期間の隔たりがあり、乗り物や建物、衣服などに様々な変化が見て取れます。

まずは、江戸時代の絵を提示します。

「籠に乗って移動している人がいます」
「武士が歩いているよ」
「馬に乗っている武士に対して、お辞儀をしている人がいます」

次に、明治時代の絵を提示し、次のように話し合いを進めていきます。

「さっきの絵のころから約20年後です。**何がどのように変わっていますか？**」

「武士がいなくなって、軍服のようなものを着ている人がいます」

「身につけているものが華やかになっているので、豊かになったように見えます」

「今の発言につけ足しで、髪型も変わっています」

「建物が頑丈になって、安全になったように見えます」

「移動手段が籠ではなく、馬車に変わっています」

視覚的な資料は文字情報と違って、直観的に捉えることができます。そのため、どの子も学習に参加しやすくなります。

単元の最初の段階で全員参加の場面を確保しましょう。そうすることによって、その後の学習のモチベーションにつなげていくのです。

ストーリー性のある資料提示で、学習に引き込む

第5学年「環境と人々のくらし」の第1時の場面です。

北九州市の公害を取り上げた学習で、2つの写真を同時に黒板に貼りました。一方は、きれいな青空が広がっている町の写真、もう一方は煙だらけの空が広がった町の写真です。

「気づいたことを発表しましょう」

教師がそう投げかけますが、子どもたちは混乱気味です。

「先生、両方同じ場所ですか?」

「きれいだった町が煙だらけになっていて、びっくりしました」

ここでの資料提示の意図は、公害で汚れてしまった町が美しい町に変わったことに気づくこと、その裏にある人々の働きに関心をもつことです。

しかし、先ほどのようなやりとりがいつまでも続いてしまうと、疑問を出し合い、学習問題をつくる前に時間切れになってしまいます。また、やりとりが複雑化していくと、ついてこられない子が出てきて、一部の発表したい子だけで学習が進んでしまいます。

気づいたことをたくさん発表することや素朴な疑問を出し合うことは大切です。しかし、ここでのねらいは「環境の変化に着目して問いを見いだす」ことですから、そこにシンプルに迫るよう活動を設定することが重要です。

そのためには、**ストーリー性のある資料提示**を行うことが有効です。

例えば、次のような提示方法があります。

- 時代順に提示し、変化に着目させる。
- 自分たちの地域を確認した後に対象となる場所を提示し、位置の違いに着目させる。

■第5学年「環境と人々のくらし」

左の写真は1960年代の北九州市の写真※です。年代と場所を伝えつつ、プレゼンテーションソフトを使って、上段の写真を徐々に見えるように提示しました。その後、下段の写真も提示しました。

「この写真を見て、どんなことを感じましたか?」

「ここで暮らしていたら病気になりそうです」

「今はどうなっているのかが気になります」

煙におおわれた空（1960年代）

大腸菌でさえ棲めない汚れた洞海湾（1960年代）

よみがえった青い空（現在）

よみがえった洞海湾（現在）

次に、現在の北九州市の写真を提示します。

「すごくきれいな青空になってる！」
「どうやってきれいにしたのかな？」
「北九州市の人たちが、がんばったのかな？」

このように時間の変化に沿って資料を提示することで、子どもたちは心を動かしながら思考を深めていくことができます。

資料の比較は、問いを見いだす際によく用いられる手法です。ここでは、時代順に提示し、変化に着目させる、つまり**「社会的事象の見方・考え方」につながる時間的な視点を用いるようにした**ことで、当時の人たちに共感しながら問題解決への意欲を高めました。

※北九州市ＨＰ「公害克服への取り組み」より
https://www.city.kitakyushu.lg.jp/kankyou/file_0269.html

子どもが疑問をもてるように、資料と向き合う時間を取る

第6学年「世界に歩み出した日本」（明治後期～昭和初期）の第2時の場面です。

第1時は、ノルマントン号事件を基に、不平等条約下の日本の状況を調べました。本時は、資料を基に疑問を出し合い、学習問題をつくる時間です。

条約改正までの道のりと、陸奥宗光、小村寿太郎の取り組みをまとめた次ページの資料を提示し、感じたことや疑問を発表する時間を設けました。ところが、挙手がありません。

「ノートに疑問を書いてからの方がいいかもしれない」

こう思い直して改めて指示を出しても、やはり子どもの手はいっこうにあがりません。

資料1：条約改正までの道のり　名前（　　　　　　　　　　　）

年号	条約改正に関する取り組み	結果
1858	日米修好通商条約を結ぶ。 他国（イギリス・ロシア・フランスなど）とも同じ条約を結ぶ。	
1871～73	明治政府が欧米に派遣した役人が、外国と条約改正の話し合いをする。	失敗
1876～79	外務大臣の寺島宗則が、外国と条約改正の話し合いをする。 ＊ハートレー事件（1877） ＊ヘスペリア号事件（1879）	失敗
1882～87	外務大臣の井上馨が、外国との条約改正の話し合いをする。 明治政府は鹿鳴館を建て、西洋化をアピール（1883） ＊ノルマントン号事件（1886）	失敗 失敗
1888～89	外務大臣の大隈重信が、外国との条約改正の話し合いをする。	失敗
1894	外務大臣の陸奥宗光が、外国との条約改正の話し合いをする。	成功
1911	外務大臣の小村寿太郎が、外国との条約改正の話し合いをする。 ＊不平等条約が完全になくなる。	成功

＜参考資料：「図解　日本史」（成美堂出版）、「時代別新日本の歴史明治時代（後期）」（学研）＞

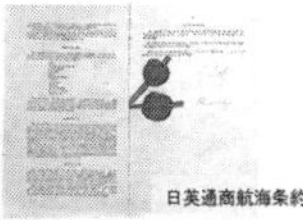
日英通商航海条約の調印書

資料2 陸奥宗光の取り組み

陸奥宗光は、当時、世界の中で最も力が強かったイギリスと条約改正の話し合いをしました。1894年、日英通商航海条約をむすぶことに成功し、領事裁判権をなくすことができました。

＜参考資料：「時代別新日本の歴史明治時代（後期）」（学研）＞

日米新通商航海条約の条約書

資料3 小村寿太郎の取り組み

条約改正に反対する国はありませんでした。まず、1911年2月アメリカと話し合い日米新通商航海条約を結び、関税自主権を回復しました。その後、他の国々とも新しい条約を結び、日本は関税自主権を完全に回復させることに成功しました。

＜参考資料：「時代別新日本の歴史明治時代（後期）」（学研）＞

子どもは、何もないところから急に疑問をもつことはありません。

自分がもっている情報と資料に書かれている新たな情報とを比べながら、

「あれっ、なんでこうなっているんだろう？」

「これって、こういうことなのかもしれないけど、どうなんだろう？」

と自問自答しながら疑問を生み出していくのです。

そのためには、**資料と向き合う時間**が必要です。

まずは、資料に線を引いたり書き込みをさせたりします。次に、感じたことや疑問をノートに書かせていきます。そして、疑問を出し合うようにしていきます。

このように、子どもに思考を促すことで、全員参加の授業につなげることができます。

■第6学年「世界に歩み出した日本」

上の写真は、疑問を出し合う前に資料に書き込みをしている様子です。

この子はまず、資料から次のような情報を見つけました。

・1858年に結んだ不平等条約が40年近くかかって改正された。
・多くの外務大臣が改正に何度も取り組んでいた。
・最初にイギリスとの改正に成功した。
・その他の国もイギリスに続いて改正に応じた。

これらの情報を踏まえながら、ノートに次のような疑問を書いていきました。

・西洋の国々は日本を下に見ていたのに、どうして改正に応じたのか。
・イギリスは当時世界で最も力が強かったのに、どうして日本を認めたのか。
・日本はこのころ、大きく発展したのかもしれない。

ここからは「なぜ改正できたのか」という表面的な捉えだけでなく、他国との関係や日本の変化に着目しながら問いを見いだすことができていることがうかがえます。

子どもが疑問をもてるようにするために、教師が資料提示を工夫することは重要です。と同時に、学習者である子どもたちが「思考できるかどうか」ということも考えなくてはいけません。

まずは、しっかりと資料と向き合う時間を取り、情報をつかめるようにすることです。そして、その情報を踏まえて疑問を書かせる。このステップを教師が認識し、指導を繰り返し行うことで、一人ひとりが問いを見いだせるようになっていくのです。

資料提示の時点で、着目すべき点をさりげなく示す

第5学年「放送局とわたしたちのくらし」の学習問題づくりの場面です。

「疑問に思ったことを発表しましょう」

「テレビ局はどうやって情報を集めているのか疑問に思いました」

「どうやってニュース番組をつくっているのかな?」

このような疑問が子どもたちから発表されれば、学習問題として集約しやすくなります。

しかし、実際は、次のようになることもしばしばあります。

「アナウンサーになるには、どんな努力をすればいいのかな?」

「番組で使っているカメラは、どれくらいの値段なのか知りたいです」
「一番視聴率がいいのはどの番組なんだろう…」

子どもたちが、心行くまま自由に発言をつなげていくことは、悪いことではありません。しかし、「あまりにも疑問が拡散してしまい、学習問題にたどり着けなかった」という経験をおもちの先生もいらっしゃるのではないでしょうか。

ここでは、「何についての疑問を発表させるか」という方向性はよかったのですが、**子どもたちが「着目すべき点」が曖昧だったために疑問が拡散してしまった**のです。

学習問題づくりでは、写真やグラフなど視覚的な資料を提示することがよくありますが、写真やグラフには、実は非常に多くの情報が含まれています。したがって、**「疑問を見つけましょう」と指示すると、子どもたちは、どんどん細かいところに目を向けていきます。**

子どもたちが自由に発想しながらも、しっかりと学習問題へと集約していくには、資料提示の時点で着目すべき点をさりげなく示し、疑問の範囲を定めておくことが大切です。

■第5学年「放送局とわたしたちのくらし」

左に示したのは、第2時で提示した資料です。

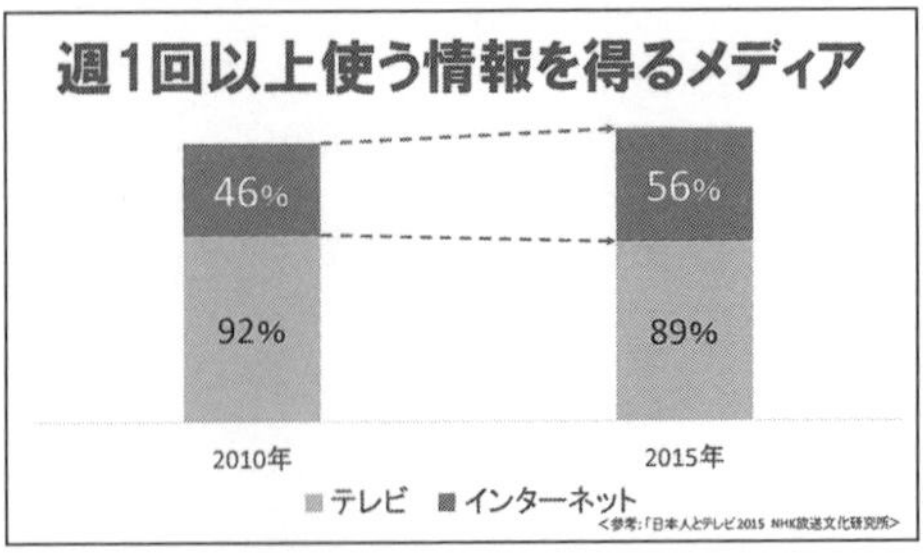

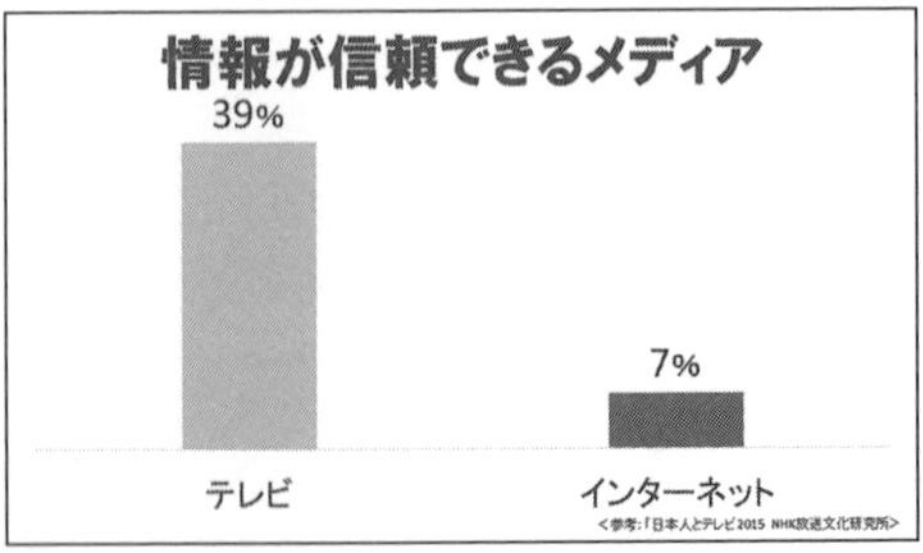

ここではまず、上段の「週1回以上使う情報を得るメディア（複数回答）」を提示しました。ここから「インターネットの利用が増えている」ことに着目させました。

次に「情報が信頼できるメディア」を提示しました。ここからは「インターネットは利用が増えているが、テレビの方が信頼度はある」ということに着目させました。

このようにして「メディアへの信頼」**に着目させて疑問を発表させるようにし**

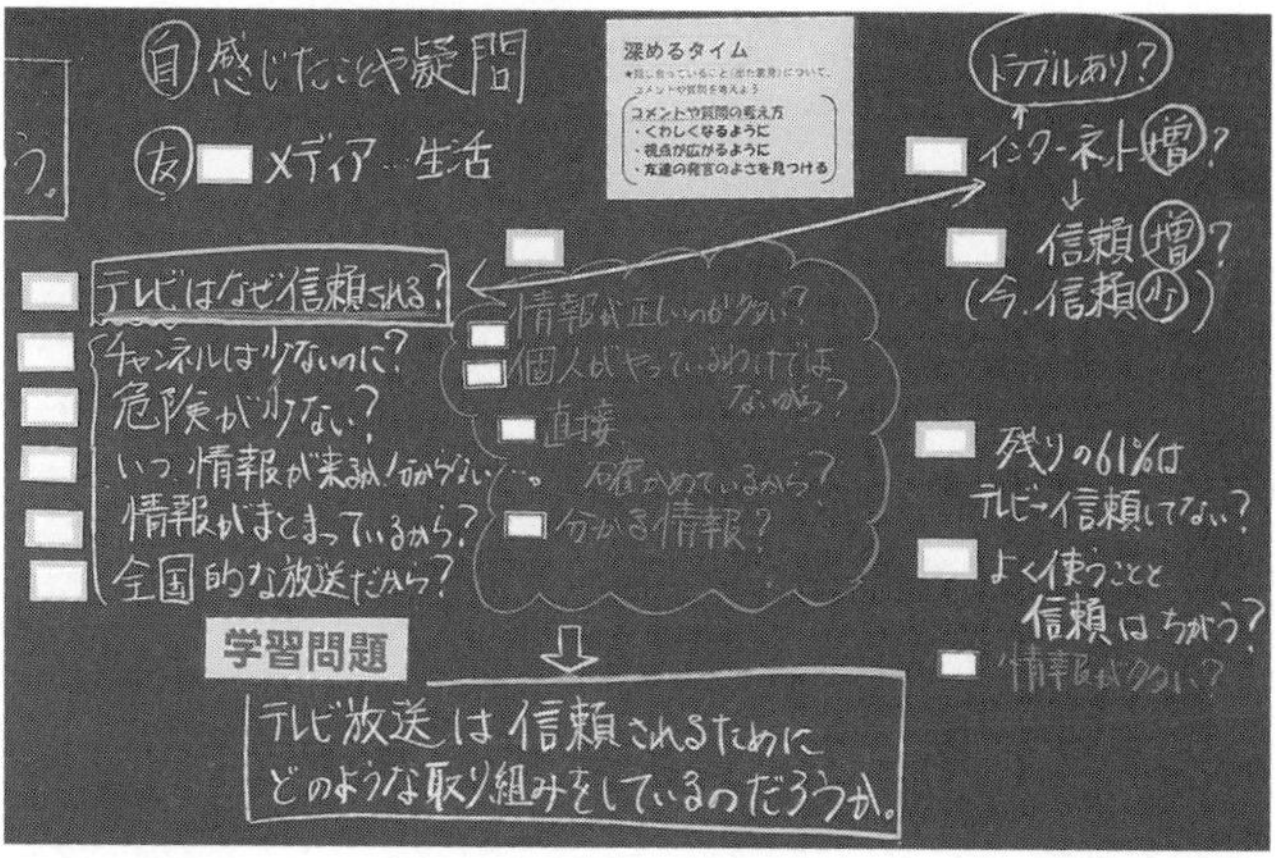

ました。

「どうしてテレビはネットに比べて信頼されるのだろう？」

「情報が正しいものが多いからかな？」

「でも、残りの61%は信頼していないよ。信頼を高めるように努力していることもあるかも」

このように「メディアへの信頼」に着目できるようにしたことで、鋭さのある疑問が次々に出されていきました。

学習問題づくりでは、単元の目標に到達できるように疑問をもたせていきます。そのために、資料提示で着目すべき点をさりげなく示しましょう。

疑問の傾向を捉えるために、分類・整理しながら板書する

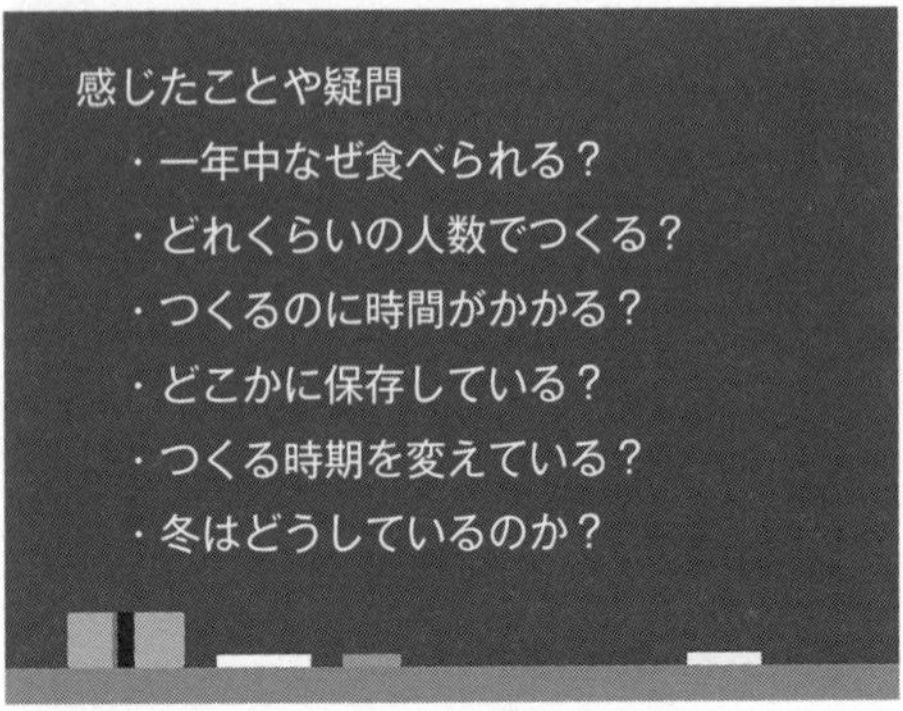
感じたことや疑問
・一年中なぜ食べられる？
・どれくらいの人数でつくる？
・つくるのに時間がかかる？
・どこかに保存している？
・つくる時期を変えている？
・冬はどうしているのか？

第5学年「米づくりの盛んな地域」の第2時の場面です。

生産地でつくられた米は秋に収穫されます。しかし、私たち消費者は一年中米を食べることができます。

この事実に対して、子どもたちは感じたことや疑問を発表しました（上図）。

「ではこれらの疑問を基に学習問題をつくりましょう。どんな問題にするとよいですか？」

「…。『消費者が食べる米は、どうして一年中食べられる

のか。また、どうやってつくって、どこかに保存しているのだろうか』かな…？」
「なんか、疑問をつなげただけだね…」

子どもたちが活発に疑問を発表していても、学習問題が疑問をただつなげただけのものになってしまうことがあります。また、「米はどのような工夫や努力をしてつくられているのだろうか」のように、主語を入れ替えればどの単元にも使えてしまう、定型文のような学習問題になってしまうこともあります。

これは、**出された疑問が羅列的になっているために、学級全体としての疑問の傾向を子どもたちが把握できていない**ことが要因であると考えられます。

このような場合、教師が板書を工夫する必要があります。つまり、子どもたちの発言を箇条書きしていくのではなく、**分類・整理しながら板書し、発言内容をグルーピングしていく**のです。

こうすることで、疑問の傾向を子どもたちが捉えることができ、学習問題として整理する方向性を見いだせるようになるのです。

■第5学年「米づくりの盛んな地域」

次ページの写真は、第2時の学習問題づくりでの板書です。

子どもたちの発言（疑問）を、分類・整理しながら板書していったものです。

「消費者の願いにどのように答えているのかなと思いました。なぜなら…」

「Aさんとは違って、どれくらいの人数でつくっているのか疑問に思いました」

「Bさんとは違うことなんですけど、一年中食べられるのはなぜかが疑問です」

「Cさんにつけ足しで、米づくりは時間がかかりそうなのに、いつも食べられるのはなぜかと思いました」

「Dさんとは違うんですけど、一年中食べられるのは、どこかに保存しているからだと思いました」

このように話し合っているものを板書していきました。

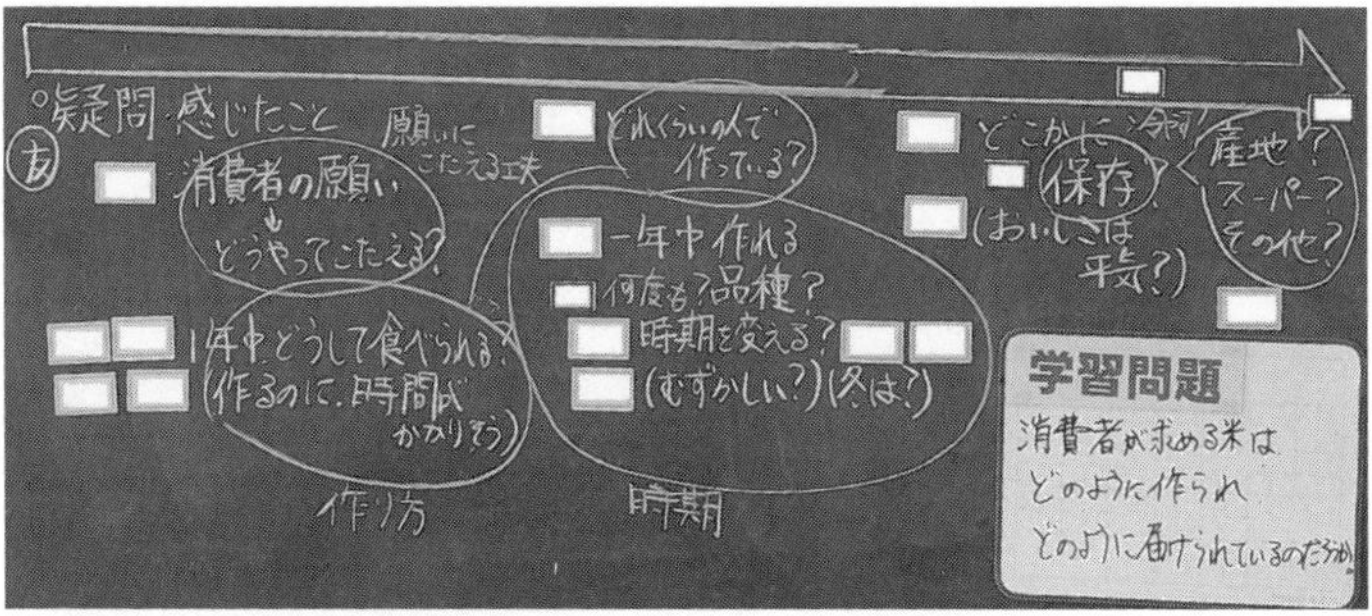

分類・整理していく際のポイントは、次の2つです。

①子どもが友だちの発言を踏まえて、自分の考えをどのように位置づけているのかを聞き取る。
②傾向が見えやすくなるよう、教師が判断する。

①については、第0章の冒頭で述べた「話し合い言葉」を子どもたちが使えるようになっていることが重要です。**「似ていて」「つけ足しで」という言葉が、分類・整理のガイドになります**。②については、教師の教材研究が重要です。どのような疑問が想定されるか、学習問題を見いだすためにはどのような要素が見えるとよいのかを頭に入れながら板書していきます。

箇条書きの板書では、どの疑問も同じように見えてしまいます。**傾向が見えると扱うべき問いが見えてくる**のです。

出された疑問について話し合い、わからないことを焦点化する

第5学年「工業生産を支える貿易・運輸」の第1時の場面です。

まず、世界の海上を行き来する無数の船の様子をリアルタイムで表すウェブ地図※を示します。この資料を基に、子どもたちが感じたことや疑問を発表しています。

「この船は何を運んでいるんだろう?」

「日本から向かっているのもあれば、日本に来るのもあるね」

「なぜこんなにたくさんの船が行き来しているのかな?」

このようにたくさんの感じたことや疑問が出てきたので、いよいよ学習問題にまとめようと教師は考えました。

「ではみんなの疑問をまとめて、学習問題にしましょう」

「『船では何を運んでいるのだろう?』かな。でもなんかしっくり来ないいなぁ…」

学習問題づくりでは、しばしばこのような状況が起こります。それは、**子どもが活発に疑問を発表してはいるものの、それらが羅列されているのみで、問題意識が深まっていないから**です。

次のようにすることで、子どもたちの問題意識を深めていくことができます。


考えるべき疑問を見いだしていく。そのために、出された疑問について話し合う場面を設ける。

※マリントラフィック
https://www.marinetraffic.com

■第5学年「工業生産を支える貿易・運輸」

次ページの写真は、第1時後半の板書です。先ほどの地図を見て、感じたことや疑問を出し合っています。

学習問題にまとめていく段階になったところで、私は次のように投げかけました。

「みんなから出された疑問に対して、『これってこういうことかなぁ』と思うものはありますか？」

すると、次のような話し合いが始まりました。

「日本と外国でたくさん船が行き来していることについては、輸入や輸出がたくさん行われているということだと思うんですけど、どう思いますか？」

「私も今の考えにつけ足しで、食料の輸入を前の学習でしたたんですけど、たぶん食料以

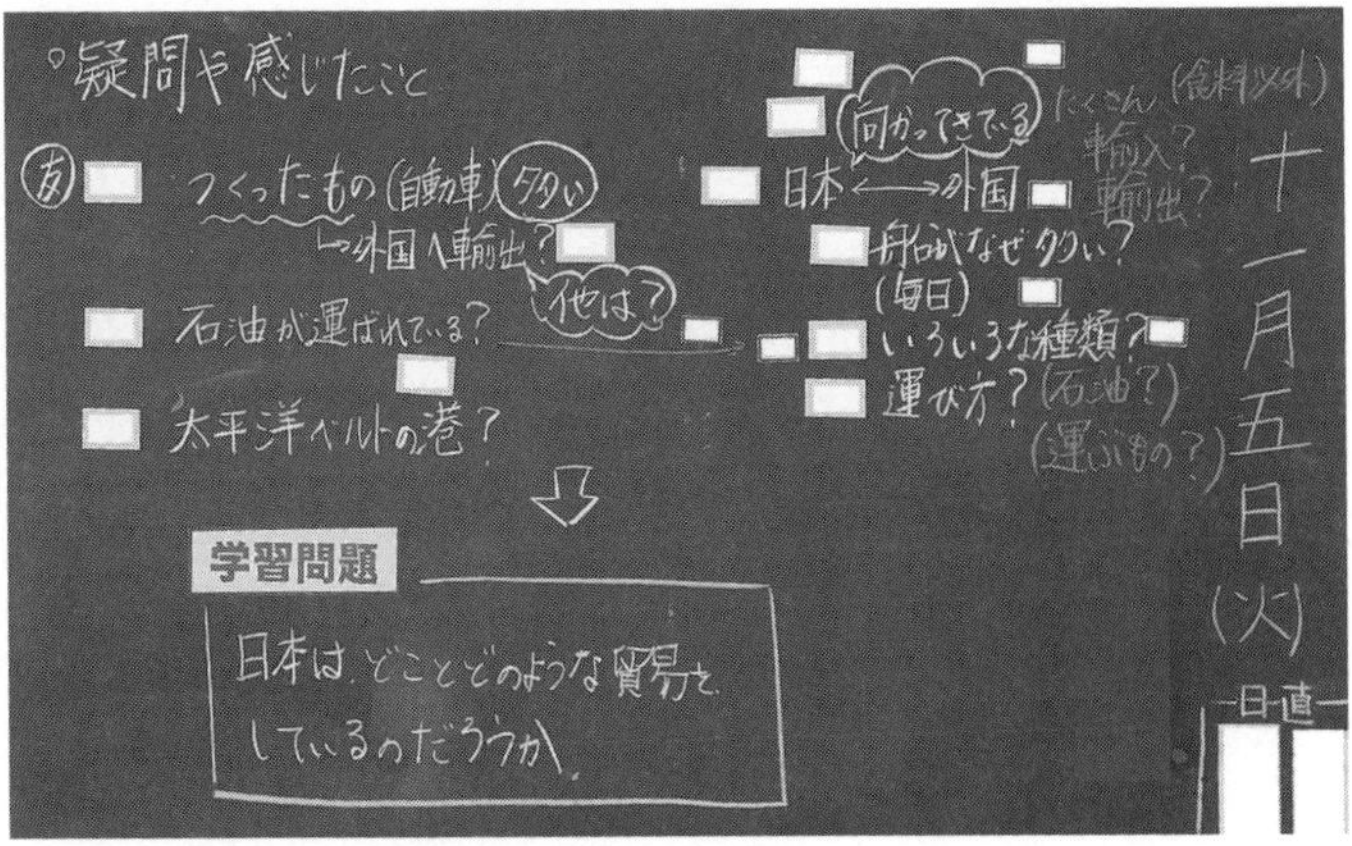

外も輸入しているんだと思います」

「工業で使う材料を輸入しているのかもしれないよ」

「ここまでの話し合いを振り返ると、やっぱりよくわからないことってどんなことですか?」

「どんなものを何のために輸出入しているのかがわからないなと思いました」

このように、**出された疑問について話し合いをすることで、「わからないこととは何か」が明確になり問題意識を共有することができます。**

疑問をそのまま学習問題にするのではなく、解決すべきことを見いだしていくことで、学級全体で学習問題を見いだしていくことができるのです。

学習問題は、文章化より「問題意識」を大切にする

第6学年「世界に歩み出した日本」（明治後期～昭和初期）の第2時の場面です。学習問題をつくることが本時のねらいです。

子どもたちの発言を分類・整理して、疑問の傾向が見えるように板書しました（pp52～55参照）。出された疑問に対して話し合うことで、「曖昧なことは何か」も学級全体で見いだすことができました（pp56～59参照）。

いよいよ、学習問題として文章化していきます。

「では、どんな学習問題にするといいでしょうか？　グループで話し合ってホワイトボードに書きましょう」

10分ほど経過しましたが、文章がまとまらないグループもちらほら見受けられます。それでも、何とかすべてのグループのホワイトボードが黒板に並びました。それぞれ、微妙に表現の仕方が違っています。

「どのグループの学習問題がいいですか？」
「私は1班のがいいと思います。『条約改正』という言葉が入っているからです」
「私は4班で、『日本』というのが入っているのがいいと思います」

問題意識が高まってきたにもかかわらず、学習問題化するとき、このように拡散してしまうことがあります。これは、「文章化すること」に重点が置かれ過ぎたことが要因であると考えられます。**文章化は、教師が思っている以上に子どもにとって難しいもの**です。指導案づくりの際、「主語をどうするか」「『てにをは』はこれでいいのか」と気を配りつつ検討した経験がある方も多いのではないでしょうか。

学習問題で大切なことは、文章化ではなく「問題意識」の確認なのです。

■第6学年「世界に歩み出した日本」

次ページに示しているのは、第2時後半の板書です。資料（p45）を基に疑問を出し合いました。

「日本を下にしている方が西洋にとってメリットがあるのに、なぜ改正に応じたのか」
「日本は、世界で最も力の強いイギリスと対等になったのか」
「改正に対して反対国がなかったということは、日本が発展したのか」

これらの疑問に対して、『これってこういうことかなぁ?』と思うものはありますか」と投げかけ、問題意識を共有していきました。

ここで子どもたちの中に高まってきたのは、「日本はどのような国になったのか」という問題意識です。

しばしば学習問題が「なぜ改正できたのだろうか」という文になってしまいますが、因

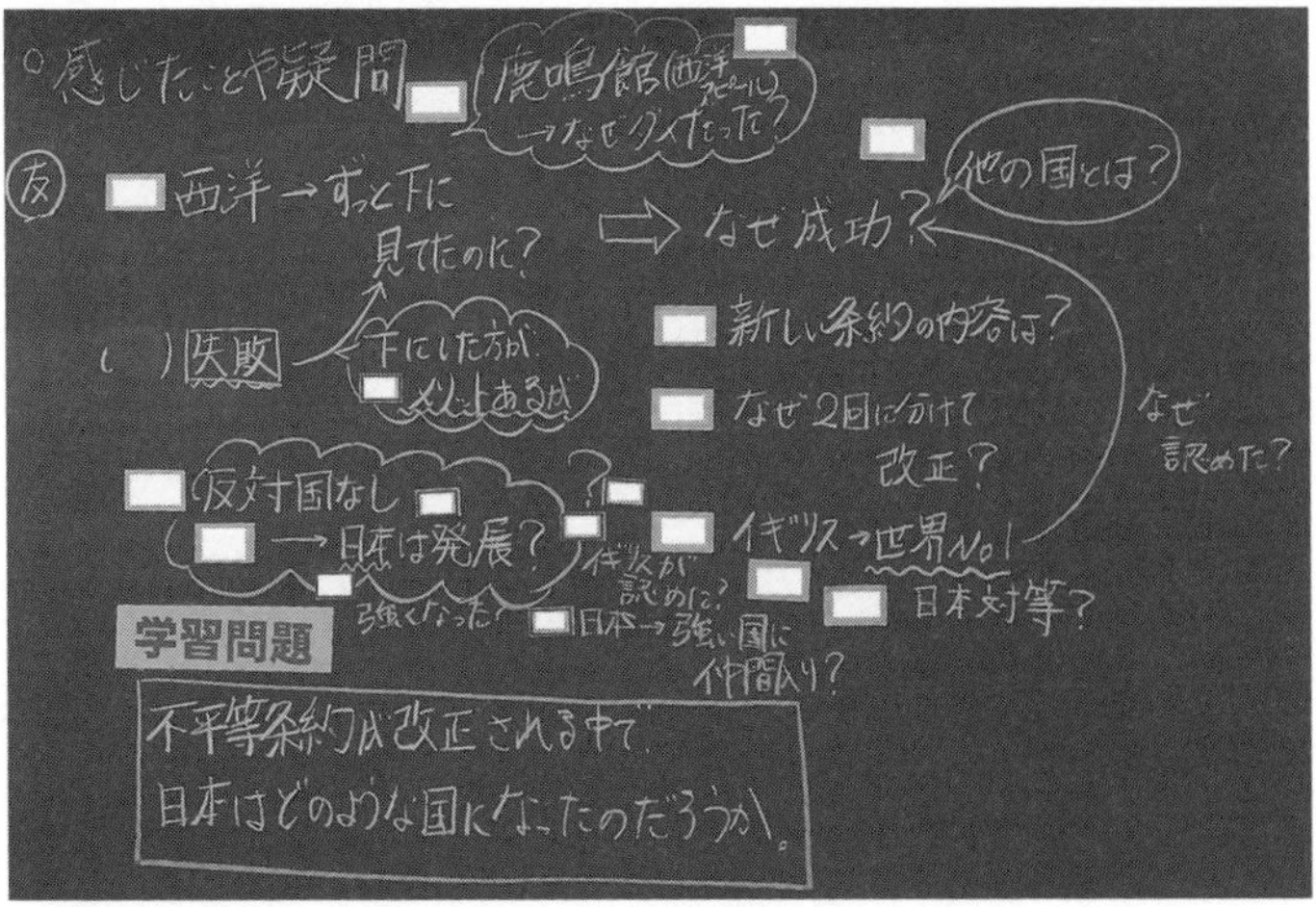

○感じたことや疑問
鹿鳴館（西洋アピール）
→なぜダメだった？
友
西洋→ずっと下に
見てたのに？
⇒なぜ成功？
他の国とは？
（ ）失敗
下にいた方が
新しい条約の内容は？
なぜ2回に分けて
改正？
なぜ
認めた？
反対国なし
→日本は発展？
強くなった？
イギリスが
認めた？
イギリス→世界No.1
日本対等？
日本→強い国に
仲間入り？
学習問題
不平等条約が改正される中で、
日本はどのような国になったのだろうか。

果関係を小学校の歴史学習で問うことには難しさがあります。「なぜ改正できたのか」という問いについて考えさせると、1つの要因しか示さず考えが深まらないこともあります。

学習問題の文をつくる際、ここでは「日本はどのような国になったのか」という言葉を使いながら文章化するよう伝えることがポイントです（子どもたちがつくり慣れていれば、指示をしなくても大丈夫です）。

「学習問題は教師が与えてはならない」としばしば言われます。これは**「すべて子ども任せにしなくてはならない」ということではなく、「子どもたちがしっかりと問題意識をもつことが重要である」という意味**です。教師が適切に支援して、学習が深まる文にすることは必要なのです。

「予想はあくまで予想である」ことを、板書の工夫で意識させる

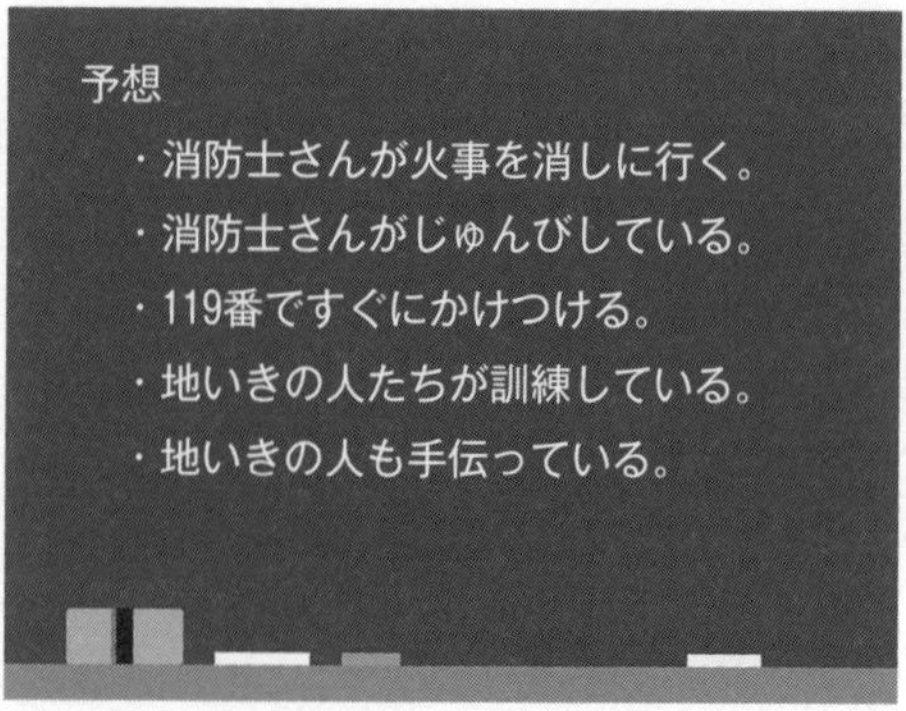
予想
・消防士さんが火事を消しに行く。
・消防士さんがじゅんびしている。
・119番ですぐにかけつける。
・地いきの人たちが訓練している。
・地いきの人も手伝っている。

第3学年「火事から地域のくらしを守る」の一場面です。

前時は「火事からくらしを守るために、だれがどのようなことをしているのだろうか」という学習問題をつくりました。本時は、学習問題について予想を出し合う時間です。

学習問題について子どもたちが予想したことを上図のように板書していきました。

すると、この時間の終末、子どもたちが書いた振り返りは次のようになってしまいました。

「消防士さんが火事を消しに来ていることがわかりました」
「消防士さんは準備をしていてすごいなと思いました」
「地域の人も火事を消すために手伝っていることがわかりました」

この時間はあくまで「予想」を出し合っている段階であるにもかかわらず、子どもたちは発表した内容が事実であると誤解してしまっていたのです。

これは**「教師が板書したことは正解である」と子どもたちが考えていることが要因の1つである**と考えられます。言い換えるならば「教師はいつも正解を知っている」「教師は教えてくれる人」と考えているとも言えます。

このような事態を改善する1つの方法として、「予想はあくまで予想である」ということを子どもたちに意識させることです。そのためには次のことが有効です。

予想として発表されたものには、必ず文末に「?」をつける。

■第3学年「火事から地域のくらしを守る」

次ページの写真は、第2時の学習問題について予想を出し合っている場面の板書です。ここでは、火災現場のイラストを見ながら、「だれがどのようなことをしているのか」について予想を出し合いました。

子どもたちが出した予想は次のように板書しています。

・地域の人たち↓先に消す？　手伝う？
・(地域の人たちは）訓練（している）？
・消防署↓準備している？　火を消す？
・119番ですぐに行く？
・救急車、警察も来る？

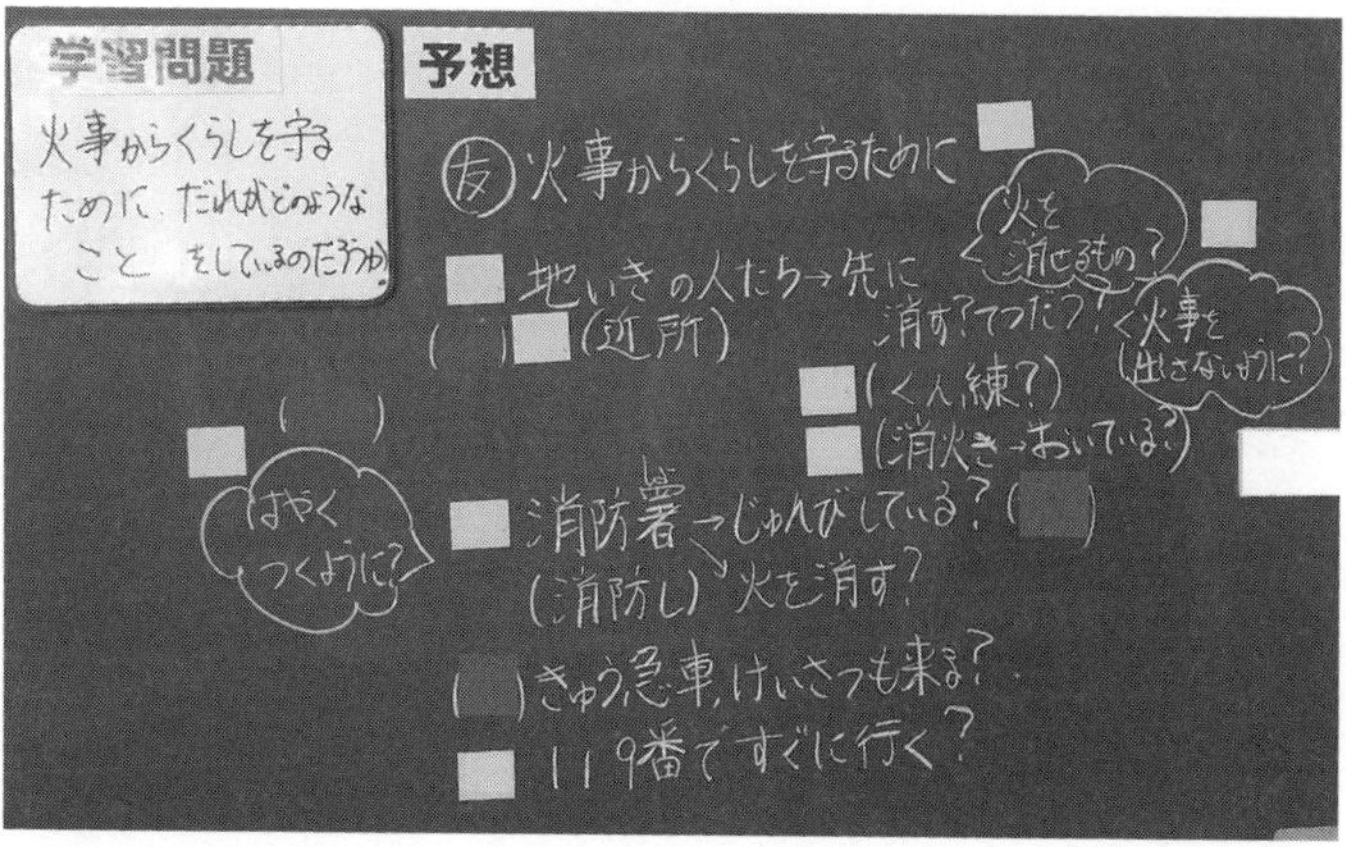

このように、板書する際、予想の文末に必ず「？」をつけています。あくまで予想であり、その後の学習で調べていく必要があることを意識させていくためです。

ちなみに、学習問題について予想を書かせる際には、文型を示すこともあります。

「火事からくらしを守るため（　　　　）しているのではないか」

このような文型を用いて考えさせることによっても、それはあくまで予想であり、調べる必要があるということを意識づけることができます。

予想を基に調べるということを意識させることは、学習に対する目的の明確化につながるのです。

必要感をもたせてから学習計画を立てる

第6学年「世界に歩み出した日本」(明治後期~昭和初期)の第3時の場面です。学習問題ができたので、次は学習計画を立てます。

「学習問題を解決するために、学習計画を立てましょう。どんなことを調べるとよいですか?」

「日露戦争を調べるとよいです」

「なぜですか?」

「えっ…。年表に書いてあるからです」

「他には、どのようなことを調べるとよいですか?」

「日清戦争も調べるとよいです。年表に書いてあるから…」

「主体的な学び」を実現するには、問題解決の見通しをもつことが重要です。しかし、冒頭の話し合いでは、調べる事柄を子どもたちが発表してはいますが、なぜそれを調べなくてはならないのかを捉えられていません。

問題解決の見通しを子どもたちがもてるようにするには、**学習計画に対する必要感をもつことが重要**になります。

必要感のある学習計画を立てるには、次のような授業展開を意識し、構成することがポイントになります。

①学習問題について予想を出し合う。
②予想を分類・整理し、傾向を見いだす。
③予想を踏まえて、調べるべき事柄を話し合う。
④学習計画として整理する。

■第6学年「世界に歩み出した日本」

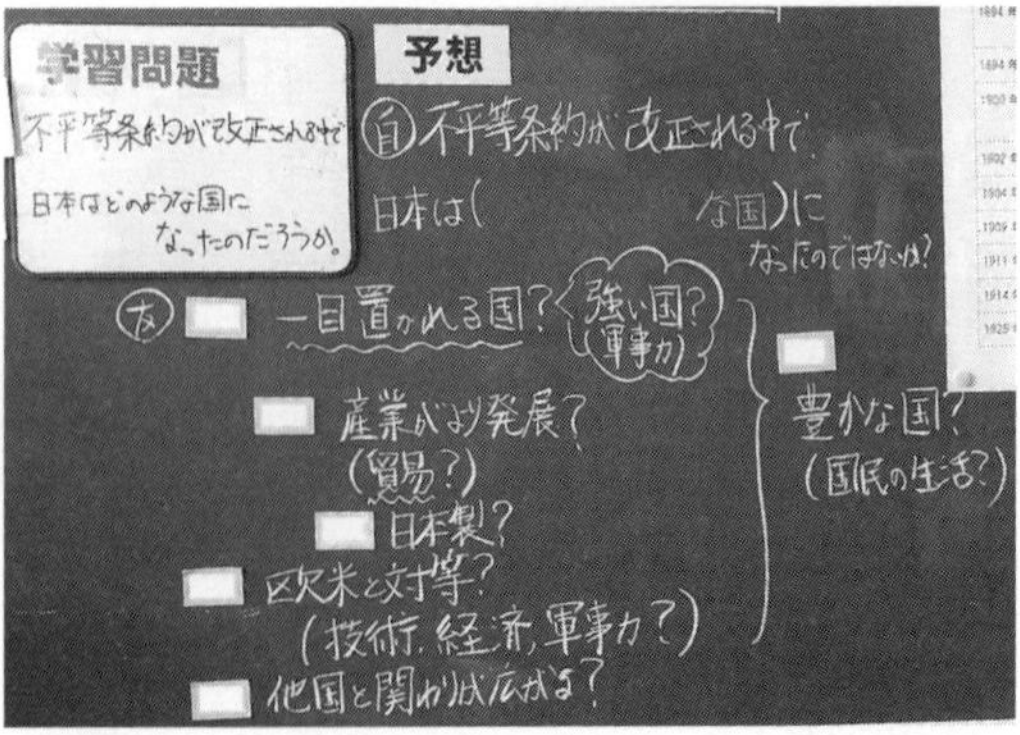

上の板書は学習問題「不平等条約が改正される中で、日本はどのような国になったのだろうか」について予想を出し合っているものです。ここでは教師が予想を分類・整理して板書しています（分類・整理についてはpp52～55照）。

ここでは大まかに「国が強くなったのではないか」「産業が発展したのではないか」「他国と関わりが広がったのではないか」などの傾向が出てきました。

これを踏まえつつ、調べる内容を話し合ったのが次ページの板書です。

まずは、年表を見ながらどのようなことを調べればよ

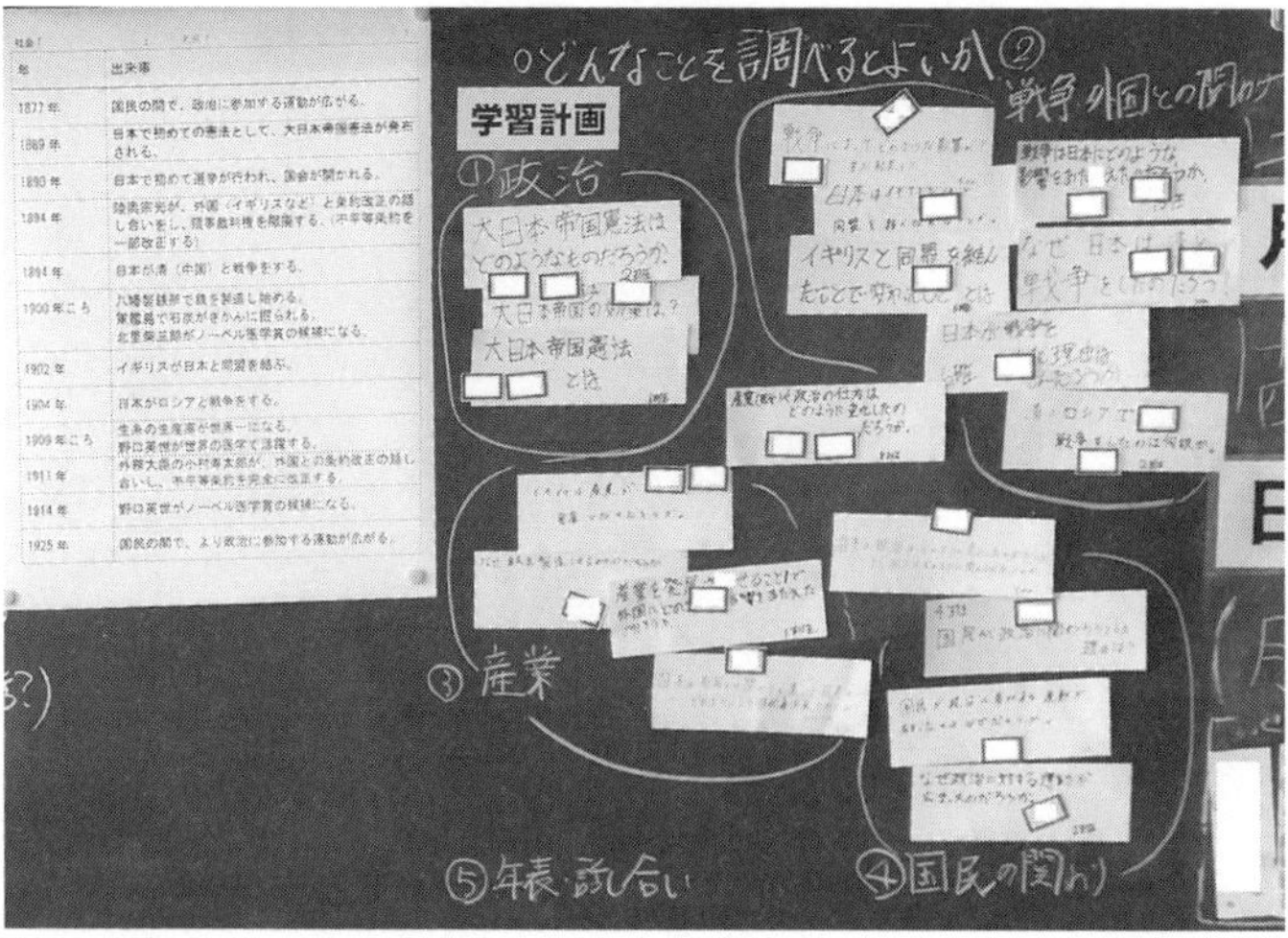

いかを問いの形でノートに書くようにしました。

次に、グループで話し合い、短冊に整理させました。

そして、短冊に書いたものを黒板で分類させました（この短冊は各時間の冒頭でも使います）。

こうしてできた学習計画が、次のようなものです。

①政治はどのように変わったのか
②外国との関わりはどのように変わったか
③産業はどのように変わったのか
④国民生活はどのように関わっているのか
⑤年表に整理して話し合う

学習計画を立てる際には、子どもが必要感をもつことが重要です。**「なぜそれを調べるのか」という意識が「主体的な学び」につながります。**

第2章

調べる

学習問題を追究する

前時の振り返りを通して、子どもが学習計画を活用できるようにする

第6学年「新しい日本　平和な日本へ」（戦後）の「調べる」の本時導入の場面です。

「今日のめあてを発表します。『サンフランシスコ平和条約や国際連合への加盟で日本はどのように変わったのだろうか』です」

子どもたちは、教師が発表した本時のめあて（問い）をノートに真面目に書いています。集中している状態とも言えますが、「指示待ち」状態とも言えます。

前章pp68～72で学習計画を立てることについて述べました。

しかし、残念なことに右の場面では教師が学習計画を活用しています。本来は、子ども

たちが学習計画を意識すべきところです。

このような状況が続くと、子どもたちは「学習は教師が進めるもの」「教師が教えてくれるのを待てばよい」という意識をもつようになります。

その最たる例が、

「先生、今日の社会は何やるんですか？」

という言葉です。社会科の授業を楽しみにしているように聞こえますが、**決して主体的とは言えない状態**です。

学習計画を子どもが意識していくためには、次のように本時を始めるとよいでしょう。

①子どもが前時のめあて（問い）を発表する。
②子どもが前時のまとめを発表する。
③子どもが学習計画から本時の内容を発表する。

■事例第6学年「新しい日本　平和な日本へ」

次ページに示したのは、第4時冒頭の板書です。

子どもたちは、授業開始のあいさつの後、次のように学習をスタートさせました。

「前回のめあては、『日本国憲法ができたことで、日本はどのように変わったのだろうか』です」

「私のまとめは、『日本国憲法ができたことで、国民が政治に参加するようになり民主的になった』です」

「ぼくのまとめは、『日本国憲法ができたことで、国が目指す方向が戦争ではなく国民を大切にするようになった』です」

「私のまとめは、『日本国憲法ができたことで…』」

「学習計画だと、今日の学習は『サンフランシスコ平和条約や国際連合に入ったこと』についてです」

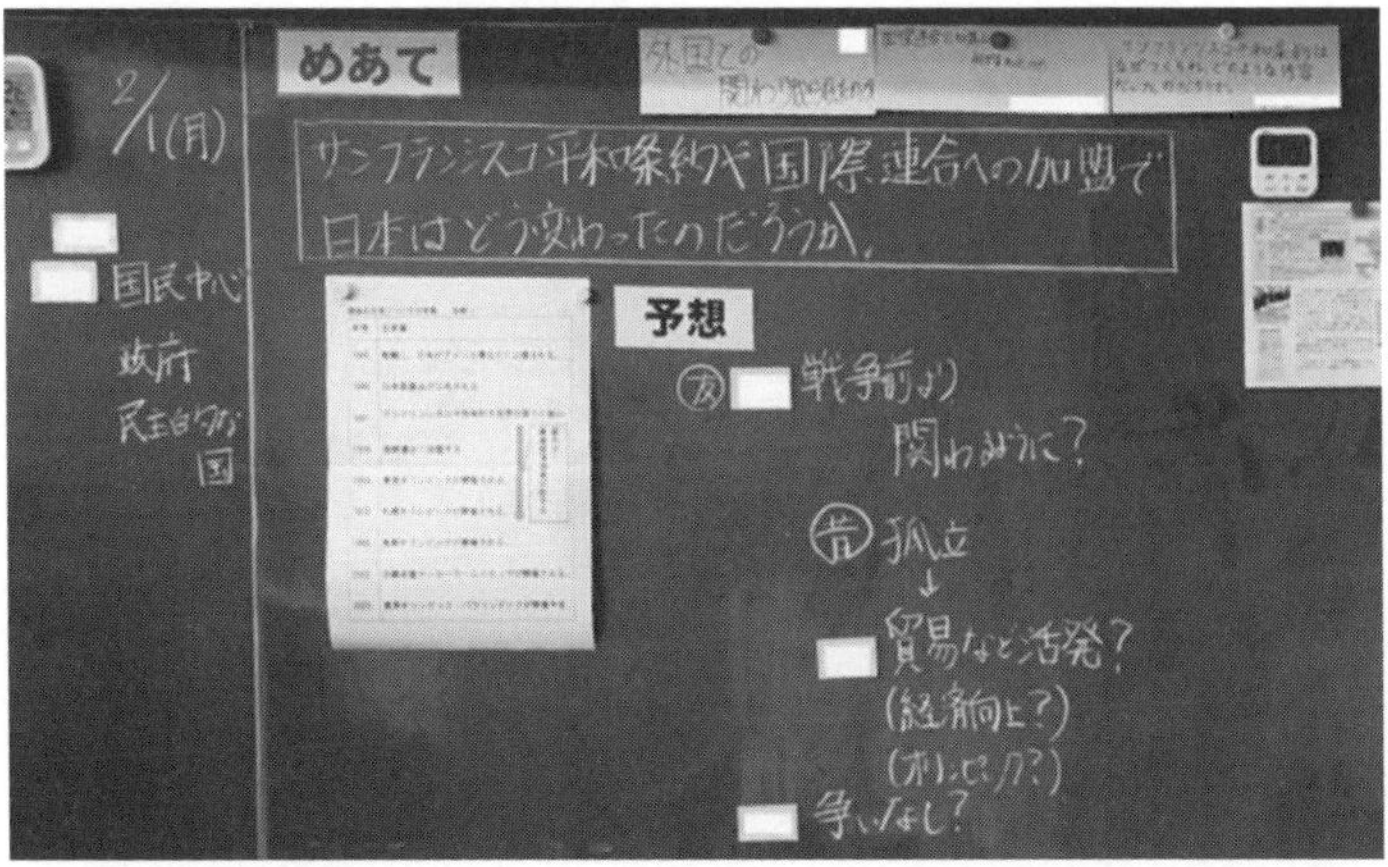

ここまで進んで、ようやく教師の出番になり、学習計画のときに出された問いを確認したり、本時の問題意識につながる資料を提示したりしました。

「今日のめあて（問い）はどうしますか?」
「サンフランシスコ平和条約や国際連合への加盟で日本はどのように変わっただろう」
「では、それで行きましょう」

学習計画を立てることは、単元の見通しをもつことにつながります。しかし、それをだれが使うかも重要です。**子どもたちから学習をスタートすることで、「単元を子どもたちが進める」意識につながる**のです。

問いに「視点」を含ませて、シャープにする

第6学年「戦国の世と天下統一へ」の「調べる」の本時導入の場面です。

前時の振り返りと学習計画の確認を子どもたちが進め、本時のめあて（問い）を設定しています。

「今日のめあてはどうしますか?」
「『織田信長はどのような取り組みをしたのだろうか』でどうですか?」
「(子どもたち) いいと思います」

このように本時の導入を進めることが、子どもたちの主体的な学びにつながると前項で

述べました。

しかし、時には本時の問いの文言をシャープにすることが必要な場合があります。言い換えるならば、より強い問題意識をもてるようにしていくということです。

ここで示した「どのような取り組みをしたのだろうか」という問いに基づいて調べると、事実をとにかくたくさん集める学習活動になります。

資料には、信長が行った重要な取り組みから些細な取り組みまで示されていますが、**人物が行った業績を羅列的に調べていくのではなく、1つの視点をもって調べていくようにすることで、その人物の意図や目的、働きが見えてくるようになる**のです。

これについては、問いの文言に「視点」を含ませる方法があります。例えば、次のような形が考えられます。

「織田信長はどのような取り組みをしたのだろうか」
↓「織田信長は武力で天下を統一するためにどのような取り組みをしたのだろうか」

■第6学年「戦国の世と天下統一へ」

前時の振り返りと学習計画の確認を行った後、本時は次のように展開していきました。

「学習計画は『織田信長の取り組み』です」

「そうですね。めあてをつくる前に、ちょっと見せたいものがあります（左図）」

子どもたちが漠然ともっていた信長のイメージがやや具体的になってきました。

「今日のめあてはどうしますか？」

「『武力で天下を統一するために、どのようなことをしたのだろうか』はどうですか」

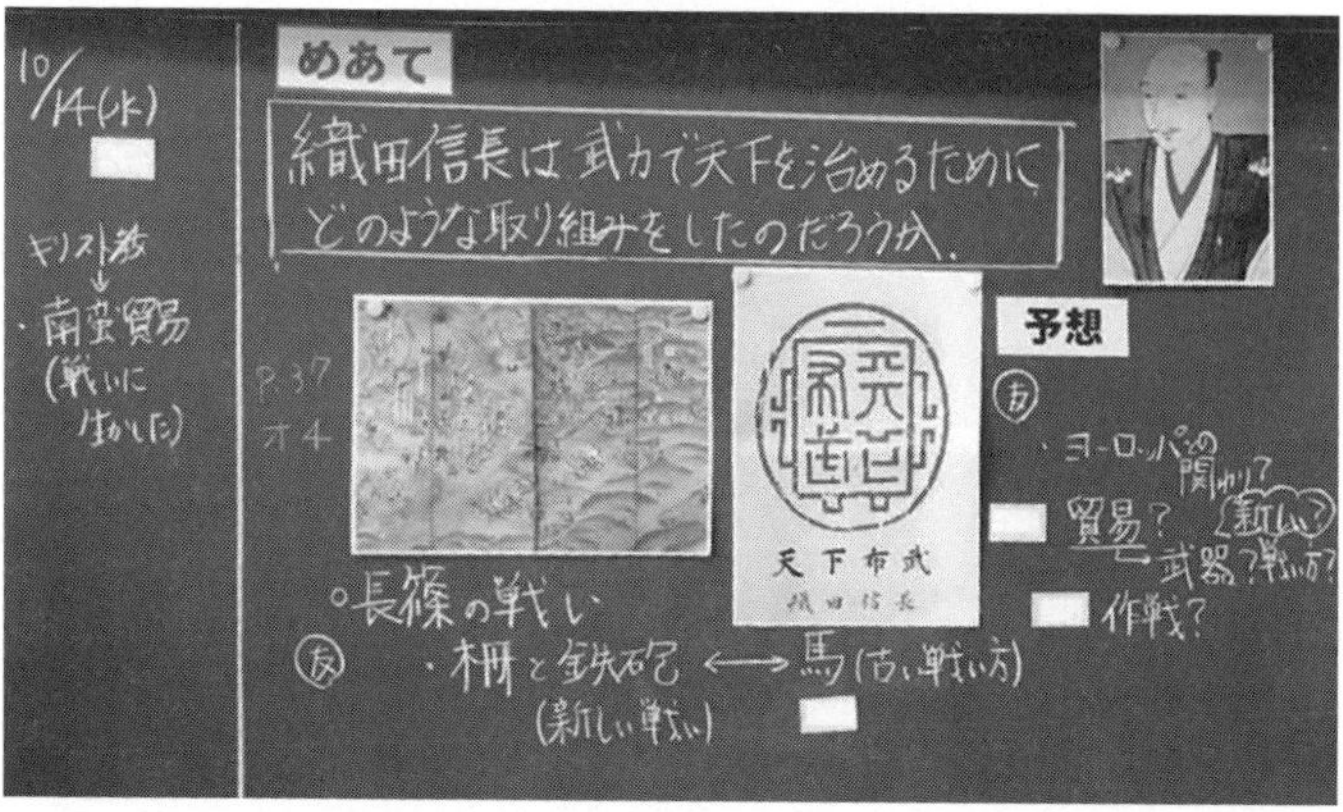

このように本時のめあて（問い）をシャープにすることは、他の単元でも可能です。例えば、6年歴史「戦争と人々の暮らし」の国民生活を調べる場面です。「戦争中、人々はどのような生活をしていたのだろうか」でもよいのですが、資料提示などを通して「当時の国民は、なぜ似たような服装をしているのだろうか」と設定することで、子どもたちの問題意識をより高めて追究に向かうことができるのです。

留意点もあります。**このようにシャープにした問いは難易度が上がります。**

本時のめあて（問い）の設定の際、教師がリードすることも必要ですが、全員が問題意識を高められるよう丁寧に展開する必要があるのです。

資料の特性を見極めて、使い分ける

第5学年「自動車工業」単元の「調べる」の一場面です。

本時のめあて（問い）は「自動車工場ではどのように自動車を生産しているのだろうか」です。

問いを解決するための資料として、教師から各工程の写真が提示されました。

「自動車に色を塗っている場面ですが、機械が塗っています。たぶん、人が部屋の外で操作しているのだと思います」

「ミラーやランプに近づいているのは、でき上がったものを検査しているのだと思います」

「私は、検査しているのではなく取りつけているところだと思います」

	メリット	デメリット
写真やイラスト	・印象に残りやすい ・視覚的に把握しやすい	・人によって着目する点が異なりやすい
グラフ	・傾向が把握しやすい	
文	・用語や語句がはっきり示されており、捉えやすい	・言葉がイメージしにくい場合がある

子どもは写真の様子を読み取って発言していますが、決定打がありません。結果として、話し合いは平行線をたどってしまいました。

これは、**写真を基に推測していることだけで話し合いが進んでいることが要因である**と考えられます。

授業では、写真、動画、文書、グラフなどの図が資料として用いられますが、上の表のようにそれぞれに特性があります。**問いについて考え話し合う場面であれば、写真だけでなく文書による明確な情報も必要となる**のです。

導入は写真やグラフ、展開部分は文書などの文字情報も提示する。

事例第5学年「自動車工業」

本時では「自動車工場ではどのように自動車を生産しているのだろうか」を調べ解決するために、次のような順番で資料を提示し、活用させていきました。

①写真

各工程の概要を視覚的に捉えられるように写真を提示しました。写真はプレゼンテーションソフトで工程順に示していきます。どの場面でどのような工夫が行われているのか予想を出し合い、本時の見通しをもたせました。

②動画

文章資料を提示する前に、各工程の動画を提示しました。実際の作業の動きを見せることで、その後の文章資料の意味理解を促すことにつなげることができます。

③教科書などの文章資料（文字情報）

教科書では、上のような写真（イラスト）資料が連続的に示されており、文による解説も書かれています。これらの確定的な情報を基に、「どのように生産しているのか」という問いについて情報を収集・整理し、考えていきました。

資料にはそれぞれ特性があります。言い換えるならば、**資料自体がもつ得手不得手がある**ということです。

イメージを膨らませるためには、文字による説明より写真の方が有効です。一方で、より正確な情報を得るためには、文字情報が必要になってきます。

学習場面に応じて適切に資料を活用できるよう、教師が明確な意図をもって指導性を発揮することが重要なのです。

線・矢印・コメントで、資料と対話させる

第5学年「森林とわたしたちの生活」の「調べる」の一場面です。

本時の問いは「国はどのような取り組みをしているのだろうか」です。

子どもたちは資料を受け取り、国の取り組みを調べています。

5分が経過しました。ところが、ノートに2行しか書けていない子どもが何人も…。

調べる時間を確保したわりには、子どもたちが情報を集められなかったという経験がある先生は多いことでしょう。

子どものやる気が問題なのではありません。**「資料から情報を見つけてノートに書く」という作業には、思った以上にステップがあるから**なのです。

まずは、「資料を読む」です。次に「問いと関係のある部分を探す」です。最後に「見つけた情報を要約してノートに書く」です。

このように、ノートに情報を抜き出し、整理する力は社会科の学習では必須のものです。と同時に、「資料との対話」を通して、情報を活用して問いについて考える力の育成も重要です。

私は「調べる」で、「資料との対話」を重視しています。そこで、次のような指示を出しています。

「問いと関係がありそうなところを見つけて、線・矢印・コメントを書きましょう」

子どもたちは、線・矢印・コメントを次のように使い分けます。

> 線……………問いと関係がある情報に引く（主に用語や語句、説明）
> 矢印…………線を引いた箇所同士を関連づける
> コメント……線や矢印を引いた場所について、解釈や感じたことを書く

■第5学年「森林とわたしたちの生活」

次ページに示しているのは、第5時で配付した資料に子どもが書き込みをしているものです。本時の問い「国はどのような取り組みをしているのだろうか」に基づいて調べています。

この資料に載せている情報は次の４つです。

・緑の雇用（林業従事者育成の補助事業）
・東京チェンソーズ（「緑の雇用」によって生まれた若手の林業企業）
・林業従事者の推移
・緑の募金（森林保全や森林ボランティア養成への募金）

ここでは、本時の問いと関係のある情報を見つけ、それらを関連づけたり、「その取り組みはどのような意味があるのか」という自分なりの解釈を書き込んだりしています。

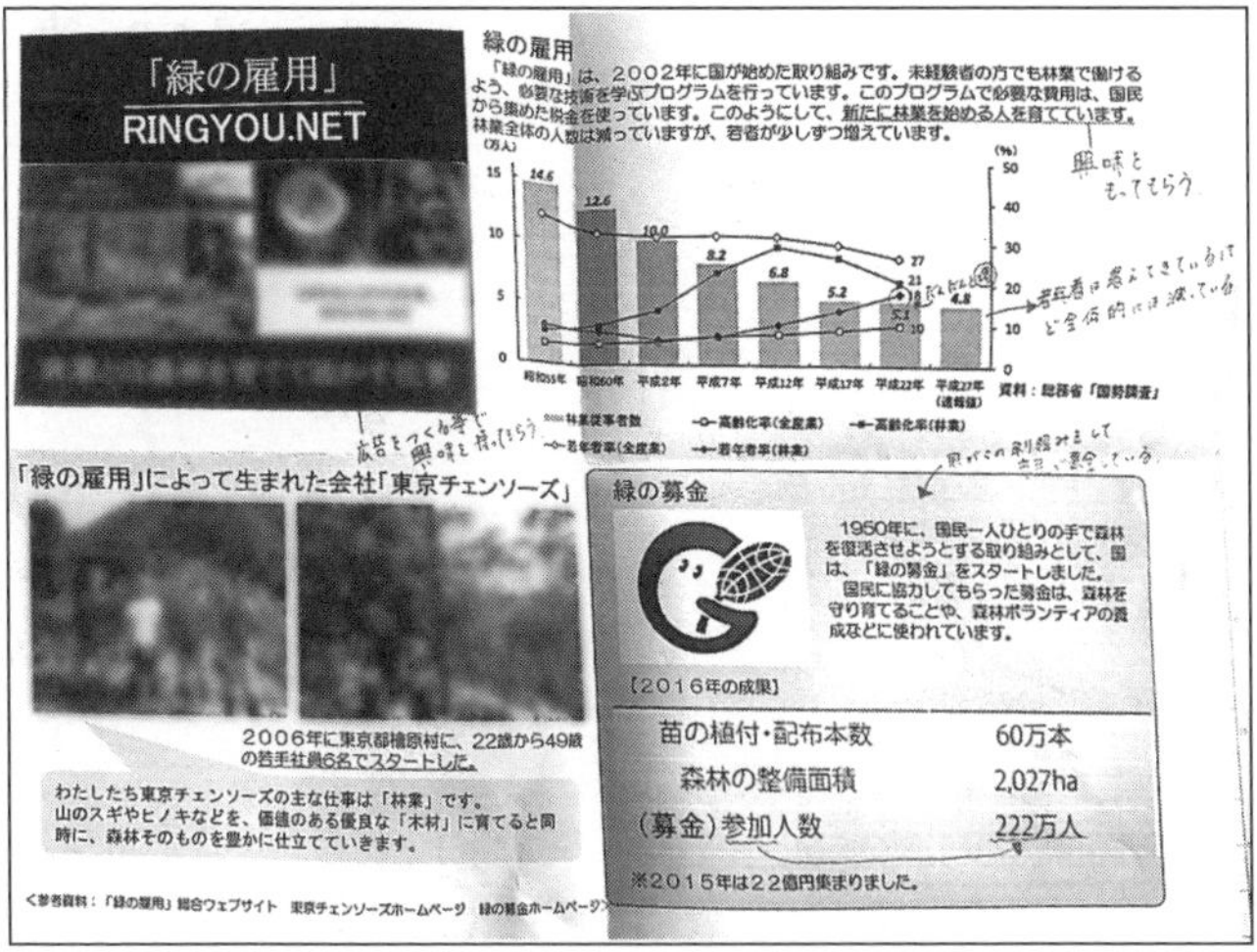
「緑の雇用」
RINGYOU.NET
緑の雇用
「緑の雇用」は、２００２年に国が始めた取り組みです。未経験者の方でも林業で働けるよう、必要な技術を学ぶプログラムを行っています。このプログラムで必要な費用は、国民から集めた税金を使っています。このようにして、新たに林業を始める人を育てています。
林業全体の人数は減っていますが、若者が少しずつ増えています。
(万人)
(%)
14.6
12.6
10.0
8.2
6.8
5.2
5.1
4.8
27
21
10
昭和55年
昭和60年
平成2年
平成7年
平成12年
平成17年
平成22年
平成27年(速報値)
資料：総務省「国勢調査」
林業従事者数
高齢化率(全産業)
高齢化率(林業)
若年者率(全産業)
若年者率(林業)
興味をもってもらう
「緑の雇用」によって生まれた会社「東京チェンソーズ」
２００６年に東京都檜原村に、22歳から49歳の若手社員6名でスタートした。
わたしたち東京チェンソーズの主な仕事は「林業」です。山のスギやヒノキなどを、価値のある優良な「木材」に育てると同時に、森林そのものを豊かに仕立てていきます。
緑の募金
1950年に、国民一人ひとりの手で森林を復活させようとする取り組みとして、国は、「緑の募金」をスタートしました。
国民に協力してもらった募金は、森林を守り育てることや、森林ボランティアの養成などに使われています。
【２０１６年の成果】
苗の植付・配布本数 60万本
森林の整備面積 2,027ha
(募金)参加人数 222万人
※２０１５年は２２億円集まりました。
＜参考資料：「緑の雇用」総合ウェブサイト　東京チェンソーズホームページ　緑の募金ホームページ＞

この子は「線・矢印・コメント」を用いながら、次のようなことを資料に書き込んでいます。

・「緑の雇用」ポスターで興味をもたせようとしている。
・若手は増えてきているけど、全体的には減っている。
・国が「緑の募金」を呼びかけ、市民が募金している。

本時の問いに基づきながら「線・矢印・コメント」を通して資料と対話すること。これは、**社会的事象の意味を捉えることにつながる**のです。

資料で見つけたことを、全員で共有する

第3学年「農家の仕事」単元の「調べる」の一場面です。

本時のめあて（問い）は「農家のSさんはどのようにしておいしい野菜にしているのだろうか」です。

「資料から気がついたことを発表しましょう」
「Sさんはトマトをつくっています」
「Sさんはキュウリもつくっています」
「Sさんは肥料をあげていると言っています」

子どもたちは資料から気づいたことを発表しています。しかし、羅列的で情報が散乱している状況です。

これは**「何のために資料から気づいたことを発表しているのか」という目的が曖昧であるため**と考えられます。

ここでの資料は、本時の問いについて考えるためにあります。

理科は「問題→実験から情報を得る→情報を基に考察する」というように問題解決を図ります。「実験から情報を得る」というところが、社会科でいうところの「資料で調べる」段階なのです。

つまり、考えるための情報を集めることが目的となります。

このような意図をもって資料で情報を集めた場合、学級全員でその情報を共有すると、その後の話し合いがスムーズに進んでいきます。

第3学年「農家の仕事」

本時のめあて（問い）は「農家のSさんはどのようにしておいしい野菜にしているのだろうか」です。

まずはSさんのインタビューを基に情報を集めました（この実践時はコロナ禍のため、Sさんには子どもからの質問に答えていただき、それを動画として子どもたちに提示しています）。

このインタビューからメモしたことを出し合いました（次ページ板書）。

・支柱を立てる（倒れないように）
・野菜の様子を見て、必要な栄養を考えている
・肥料は一気に与えず、必要な分をあげる

このように資料（インタビュー）から得た共通の情報を基にして、「どのようにしてお

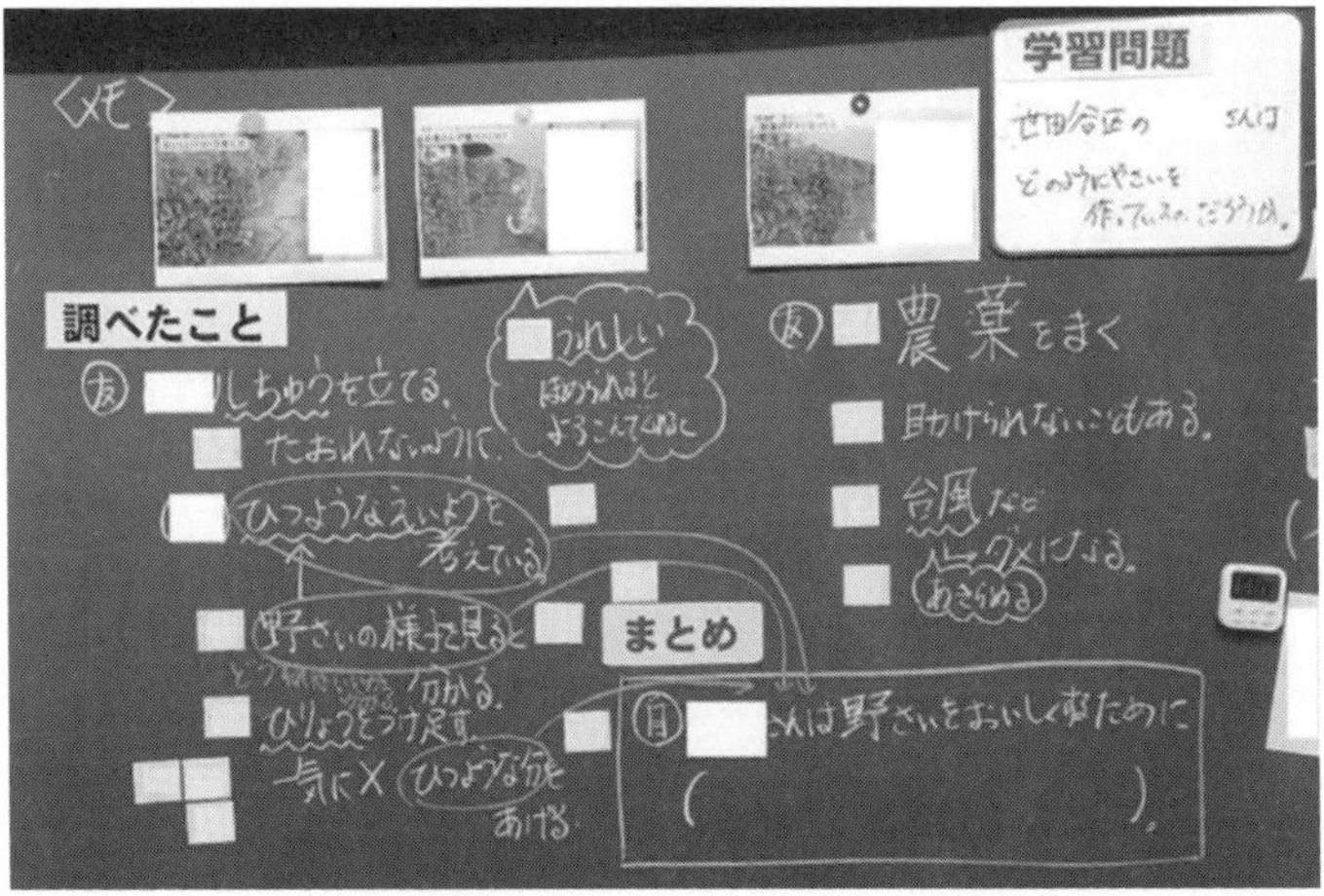

いしい野菜にしているのか」を考えていきました。

この実践は第3学年のもので、社会科の学習を始めて数か月の段階です。情報を共有することは、「どういったことが必要な情報なのか」「どのようにメモを取ればよいのか」といったことを指導する場面になりますし、読み取れなかった子どもへの支援にもなります。

ちなみに、**子どもが気づき、発表したことは当然教師が明確な意図をもって板書することが重要**です。

本時の問いを考えるために必要な情報は何なのか、全員に意識づけできるようにしていくのです。

資料で見つけたことを、あえて共有しない

第6学年「武士の世の中へ」の「調べる」の一場面です。

本時のめあて（問い）は「源頼朝はどのような政治を行ったのだろうか」です。資料で情報を集めた段階で、次のように指示しました。

「資料で見つけたことを発表しましょう」

このように指示を出すと、数名しか発表しなかったり、もしくはまったく挙手がなかったりした経験のある先生は多いのではないでしょうか。学年が上がるにつれ、挙手が少なくなり、授業が停滞する傾向があるようです。

これについては、**わかりきったことをわざわざ発表することに子どもたちが必要性を感じられなくなっている**からだと考えられます。

言い換えるならば、資料の内容を確認するという目的だけでは、学習の意味を感じられなくなっているということです。

高学年になり、情報を集める技能が概ね定着してきているならば、あえて資料の情報を共有しないという方法もあります。

では、資料から見つけたことは使わないのかというと、そうではありません。

私は、次のように資料を活用できるようにしています。

- 資料から問いと関係する情報を見つける。
- 見つけた情報を基に、問いについての考えを書く。
- 資料から見つけた情報を根拠として、自分の考えを説明する。

■第6学年「武士の世の中へ」

本時は「源頼朝はどのような政治を行ったのだろうか」という問いで学習を進めました。子どもたちは、問いと関係のあるところに線・矢印・コメント（pp86～89参照）を書いて情報を集めています。

情報が集まった段階で、自分の考えを書き始めました。

「源頼朝は武士と関係を強める政治をした。例えば、『ご恩と奉公』という仕組みは、領地を与えることで幕府を守るということになっているので、そのように考えた」

ノートに書いたことを基に学級全体で話し合いを行っていきました。

「源頼朝は武力で幕府を守る政治をした。なぜなら、ご恩と奉公で武士に幕府を守らせるように仕組みを整えているからです」

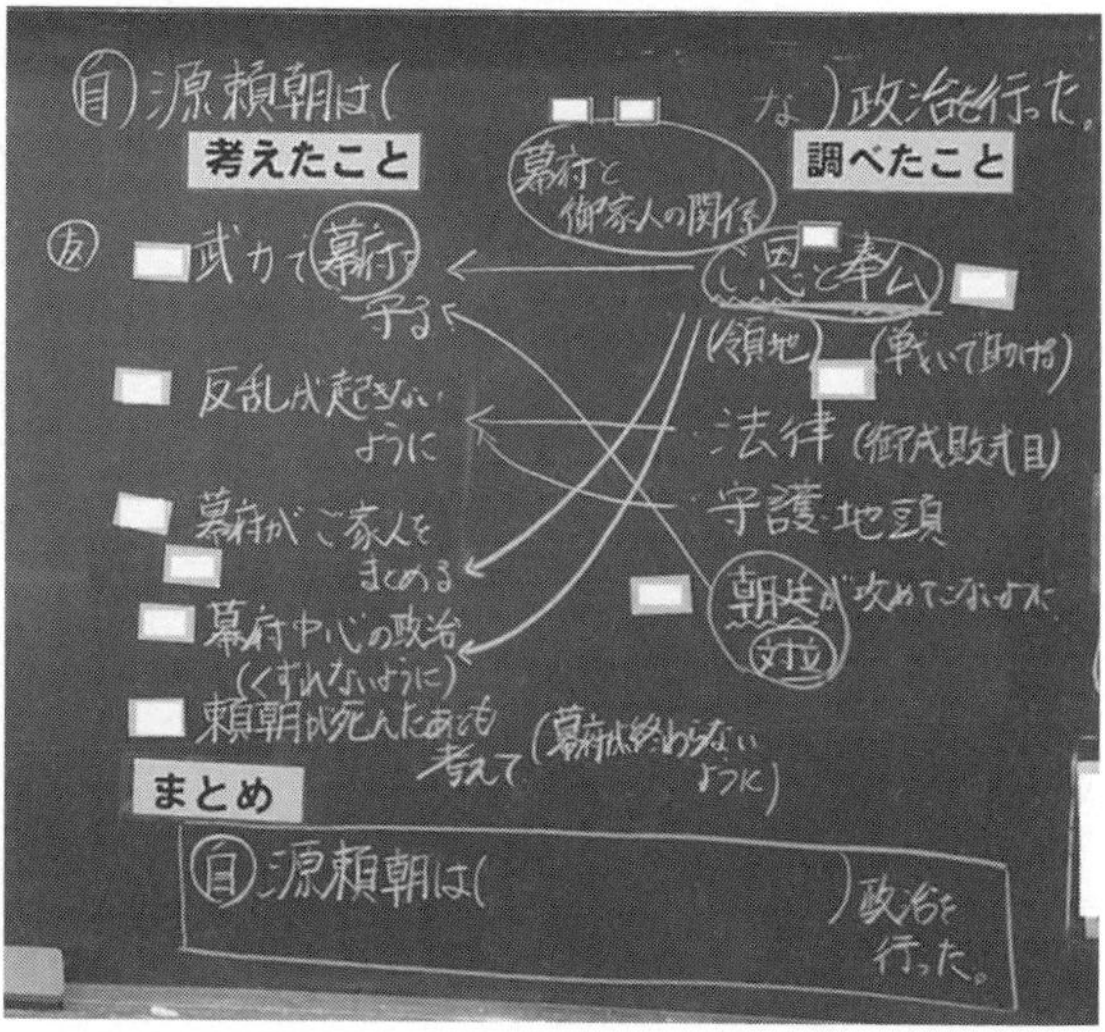

「今のとちょっと違って、頼朝は反乱が起きないようにしたと思います。なぜなら、各地に守護や地頭を置いて治めようとしているからです」

「○○さんに似ていて、幕府中心の政治になるようにしたと思います。さっき言っていた『ご恩と奉公』によって幕府の力が強まるようにしているからです」

子どもたちは、同じ資料で調べ、同じ情報を用いているにもかかわらず、考えを広げて話し合っています。

資料の活用の仕方が違うことで、互いの気づきを尊重する態度をはぐくむことにもつながるのです。

情報を基に、問いについて考えを出し合う

第5学年「放送局とわたしたちの生活」単元の「調べる」の一場面です。

本時のめあて（問い）は「放送局はどのように情報を集めているのだろうか」です。資料で調べた後の話し合いです。

「資料から見つけたことを基に考えを話し合いましょう」

「カメラマンも取材に行っていると書いてありました。考えたことは、写真も必要だからです」

「放送局は全国から情報を集めています。考えたことなんですけど、どうして全国から集めているんだろうと疑問に思いました」

「資料から集めた情報」を基に「考える」ということをここまで述べてきましたが、この話し合いは拡散してしまっています。

これは、**問いについて情報を集めたにもかかわらず、そこから思いついたことを話していることが要因**であると考えられます。

資料を基に考える際は、問いについて集めた情報を基に、問いについて考えを出し合うことが大切です。

そして目指すべきは、複数の事実を関連づけながら、問いについて考え話し合う姿です。

> 問いに基づいて情報を集める
> ↓
> 問いについて集めた情報を基に、問いについて考え話し合う

■第5学年「放送局とわたしたちの生活」

本時では「放送局はどのように情報を集めているのだろうか」という問いで学習を進めました。主語は「放送局は」です。

次ページの写真は、情報を基に問いについて話し合っているときの板書です。

「**放送局は（その場に行って）情報を集めている**と思います。なぜなら、記者だけでなくカメラマンも現場で撮影をしているからです」

「○○さんとは違って、私は、**放送局は（取材したことがわかりやすく正確なものになるように）情報を集めている**と思います。なぜなら、記者が現地を取材するだけでなく、専門家にも取材するようにしているからです」

問いに基づいて話し合わせるためには、場合によっては文型（右の傍線と丸かっこの部分）を提示して考えさせることも有効です。

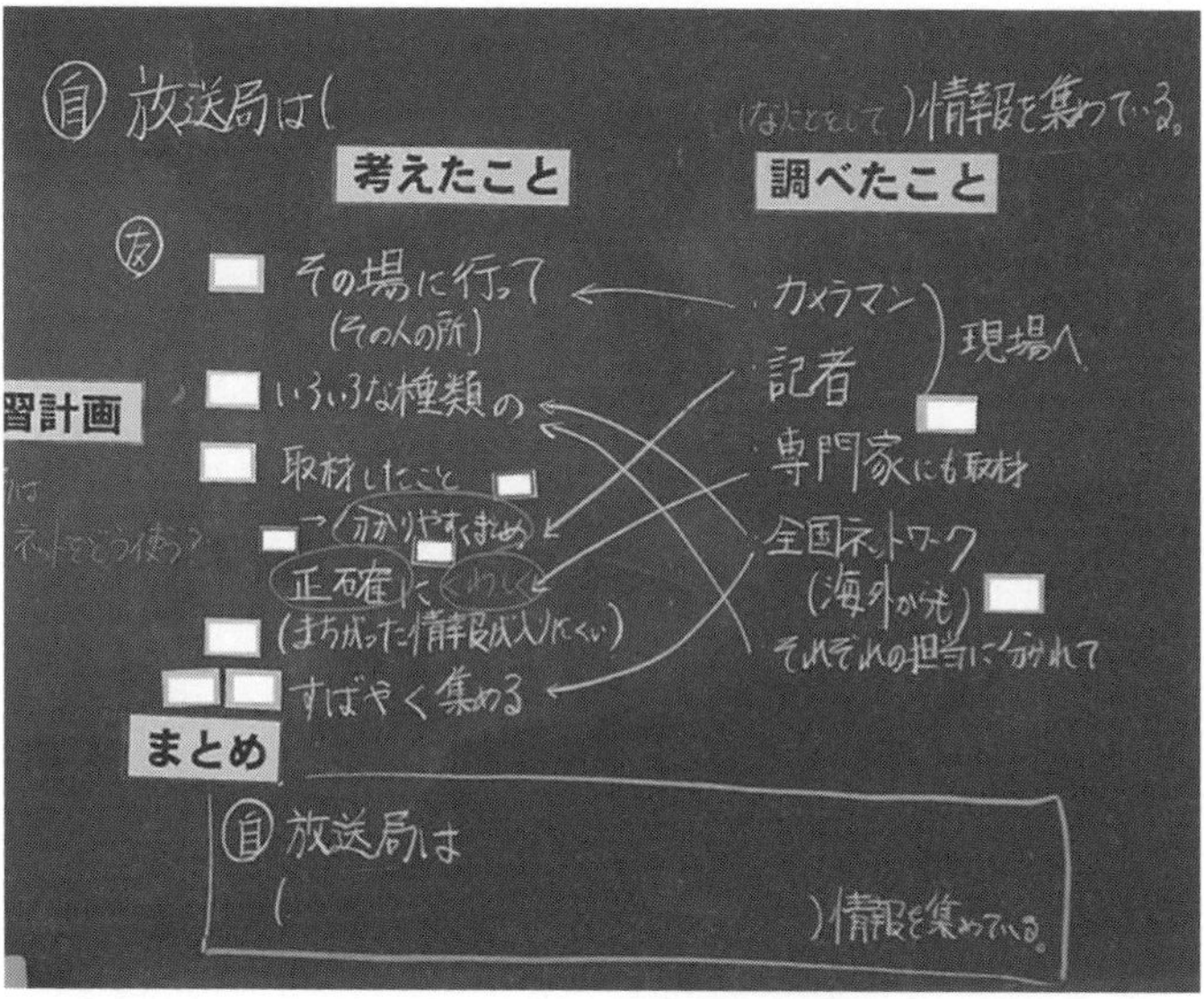

ここで使う文型はかっこを使ってはいますが、単に用語や語句を入れる穴埋めではありません。**「どのように情報を集めているか」という意図や目的、手段や方法について記述することを通して思考を促すもの**なのです。

問いを意識して考えを出し合うことで、互いの考えが聞きやすくなり、話し合いが活性化していきます。

裏を返せば、話し合いが活性化しないときは、議論が焦点化されていない、つまり問いへの意識が不十分なまま行われてしまっているのです。

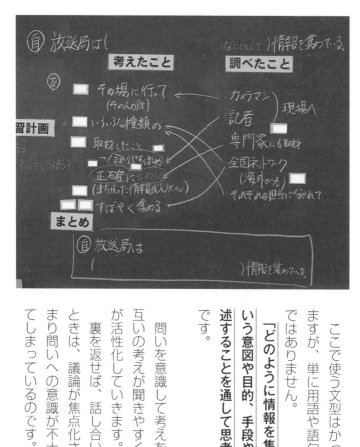

教師がファシリテーターとして、子どもの考えを関連づける

第3学年「火事から地域を守る」の「調べる」の一場面です。

本時のめあて（問い）は「学校ではどのようなことをしているのだろうか」です。

調べて見つけたことを基に、問いについて考えたことを話し合っています。

「学校ではどのようなことをしていると言えますか？」

「子どもたちを助けることをしていると思いました。なぜなら…」

「危険が迫ったときのことを考えていると思いました。なぜなら…」

「火事の準備をしていると思いました。なぜなら…」

一見すると活発に話し合っているように見えますが、発言同士は羅列的になっています。

互いの発言がつながっていないのです。

子どもたちは、「自分が考えたことを発表したい」という意識ばかりが強い状態なのです。この状況が続くと、協働的な学びではなく、それぞれが自己主張するだけの学びになってしまうかもしれません。


ここでも、第0章で示した「話し合い言葉」は大切です。加えて、子どもたちの発言が関連づくように、教師がファシリテーターの役割を果たすことが必要です。

例えば、次のようなことを行うとよいでしょう。

・「話し合い言葉」を使うことを促す。
・論点が見えるよう、板書で発言内容を分類・整理する。

■第3学年「火事から地域のくらしを守る」

本時では「学校ではどのような取り組みをしているのだろうか」という問いで学習を進めました。

「子どもたちを助けるようなことをしています。なぜなら、避難訓練は…」

「危険が迫ったときのことを考えて…」

ここで私は、次のような言葉かけをしました。

「Bさん、待って。『話し合い言葉』を使ってみてください」

羅列的な話し合いになることを避け、子どもの考えを関連づけるため、次の傍線部の「話し合い言葉」を引き出したのです。

「Aさんと似ているんですけど、危険が迫ったときのことを考えていると思います。な

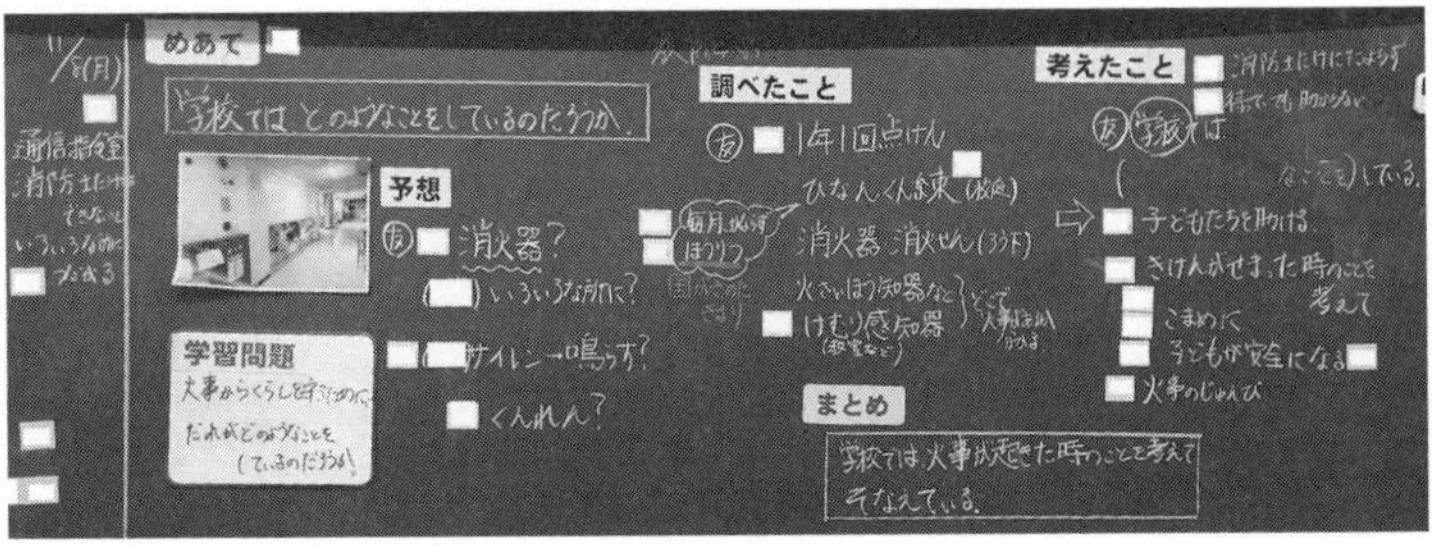

ぜなら…。どう思いますか？」
「いいと思います。私はBさんとは違って…」

第0章で述べましたが、関連づけて話し合う意識を子どもたちにもたせるためには、「〜さんと違って」「〜さんと似ていて」「〜さんにつけ足しで」といった「話し合い言葉」を使う習慣を身につけさせることが重要です。**言葉を自在に使えるようになることが相手意識にもつながる**のです。

また、ネームプレートを使ってだれがどんな発言をしたのかわかるようにするなど、板書の工夫も大切です（上写真）。話し合う力は、子どもに任せるだけでは向上しません。教師がさりげなく手だてを講じていくことで高まっていくものです。学級全体での話し合いがスムーズになると、グループでの話し合いも活発になります。

「深めるタイム」で、本質的な事柄に目を向けられるようにする

第6学年「明治の国づくりを進めた人々」の「調べる」の一場面です。

本時のめあて（問い）は「明治政府はどのような取り組みをしたのだろうか」です。資料から集めた情報を基に、問いについて話し合っています。

「明治政府は近代的な工業を進める取り組みを行いました。なぜなら…」

「Dさんとは違って、安定した税を得られるようにしていると思います。なぜなら…」

「Dさんがさっき言っていたことにつけ足しで、日本を強くする取り組みをしていると思います。なぜなら殖産興業や徴兵令が行われているからです」

互いの意見が関連づいた話し合いではあるのですが、やや平坦なものになっています。

これは、**考察を重ねているものの、本質的な事柄が見えてきていないことが要因**であると考えられます。言い換えるならば、「授業の山場」が生まれていないということです。

私は、この山場づくりにかかわって「深めるタイム」という段階を設定しています（上図）。

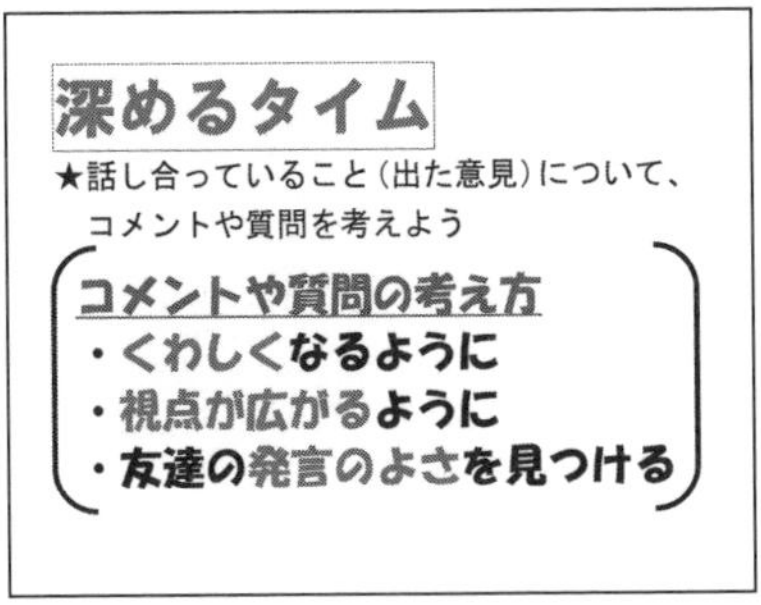

ここでの活動は主に次の2つです。

①発表された考えに対して質問したりコメントしたりする。
②それに対してさらに深く考える。

①については、まずは教師が行い、慣れてきたら子どもたちから出させるようにするとよいでしょう。

■第6学年「明治の国づくりを進めた人々」

本時では「明治政府はどのような取り組みをしたのだろうか」という問いで学習を進めました。

話し合いがある程度進んだところで、前ページの「深めるタイム」を提示して、次のように発問をしました。

「徴兵令は戦いの専門家ではない国民が兵士になるんだよね。江戸時代のように専門家である武士が兵士になった方が強いと思いませんか？」

用語や語句を見つけ、その意味を調べることだけで終わっていると、学習に深まりがでません（もしかしたら、そのようなことが繰り返されることが「社会科は暗記教科」という印象を強めているのかもしれません）。

その取り組みの背景や影響、効果などに目を向けていくことで本質的な事柄を意識できるようになります。

この発問をきっかけに子どもたちは次のようなことを考えました。

・武士は全体の数%しかいなかったので、国民全体が兵士になると数を多くできる。

・国民全体で国を守るという意識を国民がもつようになる。

「深めるタイム」に慣れてくると、先に述べたような問いを子どもたちから発するようになります。用語や語句とその意味を捉えるだけでなく、このように深く考える場面を設けることで、学ぶ楽しさを感じることができるようになるのです。

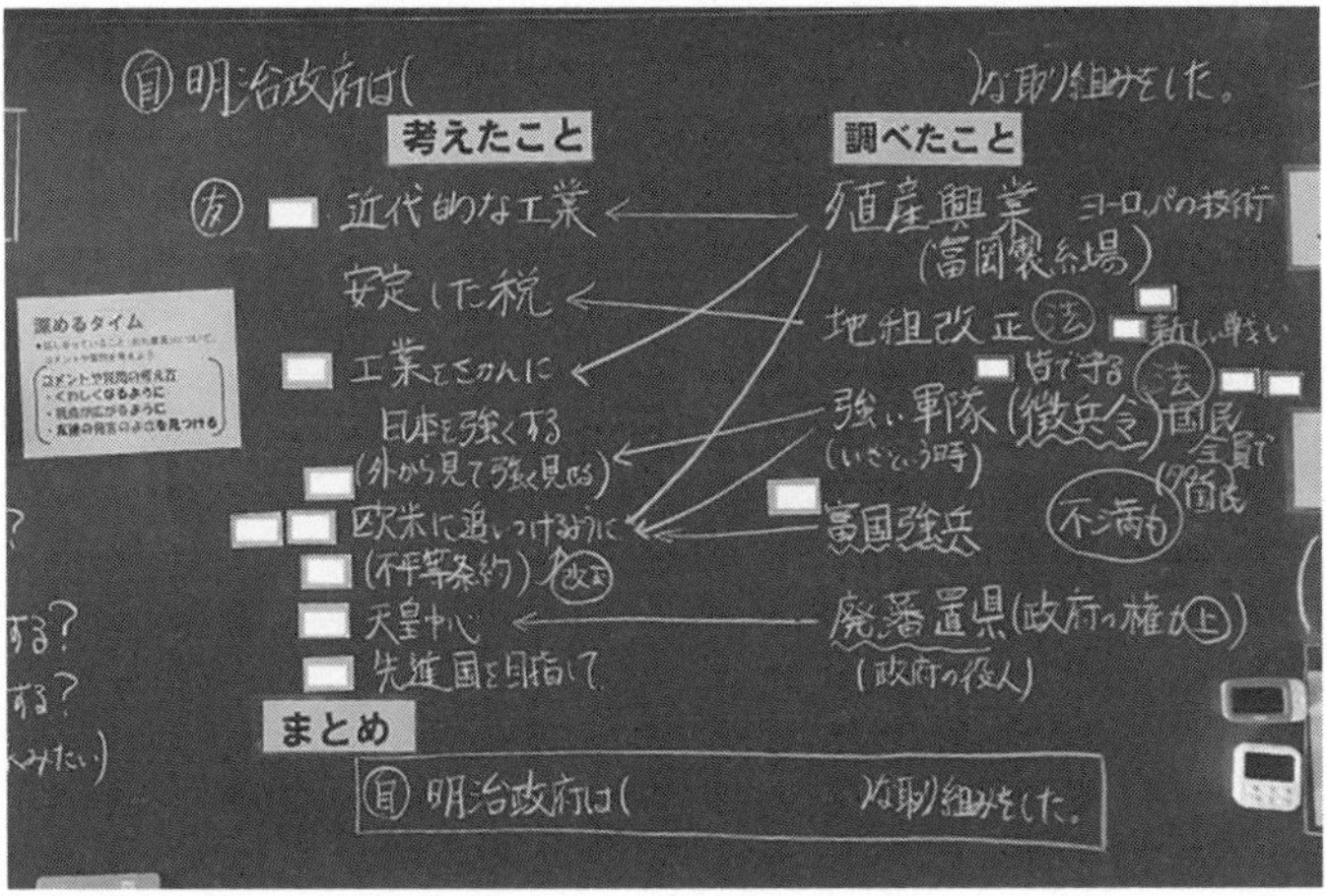

問いについて、一人ひとりがまとめを書くようにする

第5学年「放送局とわたしたちの生活」単元の「調べる」の一場面です。本時のめあて（問い）は「放送局はどのように情報を集めているのだろうか」です（「情報を基に、問いについて考えを出し合う」（pp98～101）と同じ授業場面です）。

資料から集めた情報を基に問いについて話し合いました。いよいよ、本時のまとめを書く場面です。

「では、まとめましょう。みんなの話し合いを見てみると、『放送局は、たくさんの情報を正確さにも気をつけながら集めている』になりますね。これをノートに書きましょう」

子どもたちは、板書されたまとめを一生懸命ノートに書き写します。自分なりにまとめを書いていた子どもも、書いたものを消しゴムで消して、黒板のまとめに書き直しています。

本時のまとめは、教師が伝えるものではありません。**問いについての話し合いを生かして、一人ひとりが書くもの**なのです。

理由は2つです。

1つは、子どもが確かな理解を得るには自分で言葉を整理しなくてはならないからです。もう1つは、教師による評価場面となるからです。

一人ひとりがまとめを書けるようにするために、次のように指示してみましょう。

> ①話し合いの中にあるキーコンセプトを確認する。
> ②問いの文に沿って書く。

■第5学年「放送局とわたしたちのくらし」

本時では「放送局はどのように情報を集めているのだろうか」という問いで学習を進めました。

本時をまとめる段階になったところで、板書を振り返りながら、次のように問いかけました。


「今日は『放送局はどのように情報を集めているのだろうか』について話し合ってきましたね。みんなの考えを見ると、だれのどの考えが重要だと思いましたか？」

「Aさんたちが言っていた『わかりやすく』とか『正確』が重要だと思いました」

「それにつけ足しで、『詳しく』というのも重要だと思いました」

「では、そういった言葉を使いながら、問いに沿ってまとめを書きましょう」

私はしばしば、ノートにまとめを書くのではなく、ミニカード（5㎝四方）に書くよう

本時

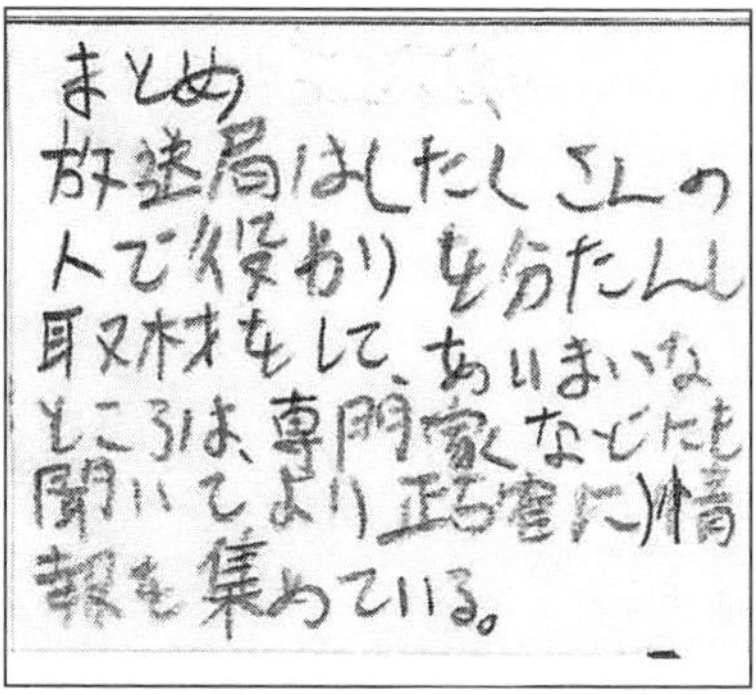
まとめ
放送局はしたくさんの人で役わりを分たんし取材をして、あいまいなところは、専門家などにも聞いてより正確に情報を集めている。

その後

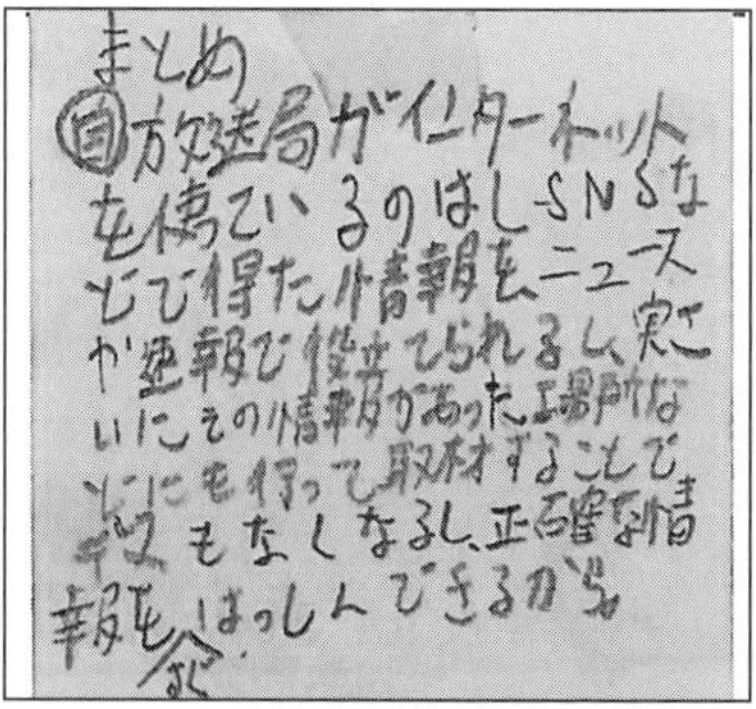
まとめ
放送局がインターネットを使っているのはしSNSなどで得た情報をニュースや速報で使えるし、[illegible]いたその情報があった場所などにも行って取材することもでき[illegible]もなくなるし、正確な情報をはっしんできるから。

に指示しています（上図）。ある子は、本時のまとめを「放送局はたくさんの人で役割を分担し取材をして、曖昧なところは専門家などにも聞いてより正確に情報を集めている」と自分の言葉でまとめていました。

このように、一人ひとりが自分の言葉でまとめを書くようにすることで、本時の学習内容を子どもたちが捉えることができたかどうかを評価することができます。また、**カード化させることで、「単元のまとめ」を行う際に効率よく作業させることができるようになります。**

地図帳の継続的な活用で、単元間のつながりを見いだせるようにする

第6学年「近代国家に向けて」（明治後期～昭和初期）の「調べる」の一場面です。

本時のめあて（問い）は「日本の産業はどのように変わったのだろうか」です。地図帳を使うよう、指示を出したところです。

「八幡製鉄所はどこにありますか？　地図帳で調べましょう」

「p22の4のアにありました」

これだけで終わってしまうのは、ちょっともったいないです。地図帳は、地名や場所を調べることが中心的な役割ですが、それだけではないのです。

地図帳は3年生から供給されますが、**どの学年でも継続的に使うことが大切**です。

第3学年の「販売の仕事」では、スーパーマーケットに並べられている商品の産地を調べる際に、使う場面を設定できます。

第4学年の「廃棄物の処理」では、自分たちの地域から出された廃棄物のルートを調べる際に使えます。

また、第6学年の歴史単元でも、栄えた場所、遺跡の位置や分布の広がりなどを調べる際に使えます。

このように活用場面を考えていくと、単元間のつながりも見えてきます。

例えば、第3学年で品物の産地を地図帳で調べ記録したことは、第5学年の貿易の学習とつながりますし、第6学年の国際単元ともつながっていくのです。

■第6学年「近代国家に向けて」

本時では「日本の産業はどのように変わったのだろうか」という問いで学習を進めました。

ここでは、世界遺産「明治日本の産業革命遺産」の1つである官営八幡製鉄所の位置を地図帳で調べるように指示しました。

「八幡製鉄所は地図帳のどこにありましたか」

「九州の北、福岡県北九州市にありました」

「見つけたら赤丸をつけましょう」

「北九州市には5年生で学習した自動車工場もありました」

「この地域は、昔から工業が盛んなんだね。八幡製鉄所がつくられたから、盛んな場所になったのかな」

「海沿いにつくったのは原料や製品を運びやすいからだと思います」

「近くには『壇ノ浦の戦い』のことも書いてありました。このあたりは、歴史の中で何度も登場するんだね」

地図帳で調べる際には、見つけた地名や施設などに赤丸をつけるように指示します。こうすることで、地図帳上に既習が積み重ねられていくのです。

右に示した子どもの反応は、歴史学習と工業の学習がつながったことによるものです。

折に触れて地図帳を活用することで、場所を確認する以上の深い捉えができるようになります。

資料は本時のねらいから逆算する

出典：国土交通省関東地方整備局ホームページ

第5学年「世界の中の日本の国土」の「調べる」の一場面です。

まずは、上の写真を提示しました。いずれも東京都小笠原村の沖ノ鳥島です。ここは人が住んでいない無人島です。

ここでの工事による保全を確認し、次のように子どもたちと問いを設定しました。

「無人島なのに、なぜ沖ノ鳥島を守っているのだろうか」

このような問いを設定した子どもたちは、沖ノ鳥島を守っている理由を調べたくなっているはずです。

さて、この問いについて考えるためには、どのような資料が有効なのでしょうか。

資料は、本時のねらいを達成するための材料です。

このことを基にすると、次の2つのことに留意する必要があります。

- 「本時のねらい」を明確にすること
- ねらいにつながる資料の要素は何なのかを明確にすること

■第5学年「世界の中の日本の国土」

本時では「無人島なのに、なぜ沖ノ鳥島を守っているのだろうか」という問いで学習を進めました（本時は単元の終盤にあたります）。

ここでのねらいは、「日本の最南端の島を守るため」という理解だけではありません。そのようにして守る意味も含めた理解を想定し、次のように設定しました。

「沖ノ鳥島を守る取り組みを調べることを通して、1つ1つの島の存在が日本の排他的経済水域を守ることにつながることを理解することができる」

このねらいを子どもたちが達成するには、次の要素が必要であると考えました。

A　護岸工事の様子
B　日本の排他的経済水域の広さ
C　島と排他的経済水域との関係

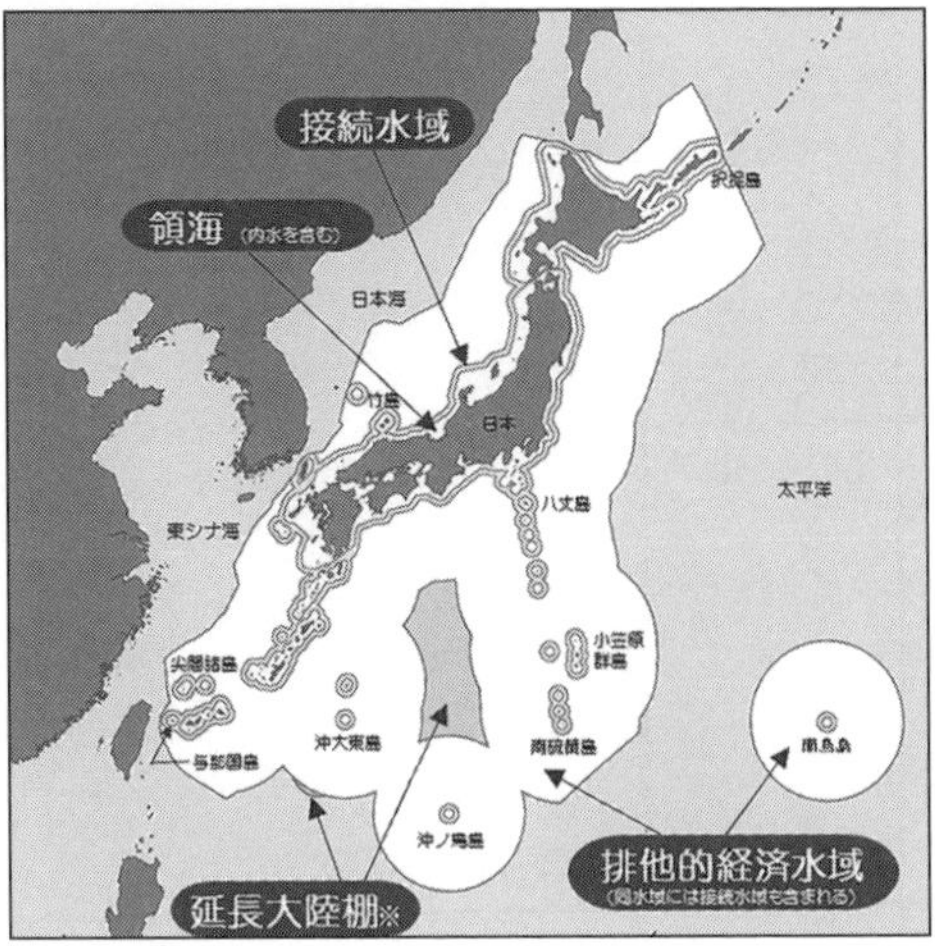

出典：海上保安庁ホームページ

この資料では「…だから守っているのです」というように直接的に理由を示すことはしないことにしました。**情報を関連づけながら、子どもたちが「排他的経済水域を守ることにつながる」ことに自ら気づいてほしいから**です。

子どもたちは、Aから「コンクリートを用いながら定期的にメンテナンスしていること」、Bから「海が日本の範囲の多くを占めていること」、Cから「島があることでその周辺が日本の範囲となっていること」を読み取り、それらを関連づけながら「1つの島を守ることは、日本の範囲と強い関係がある」ことを捉えていきました。

資料は、ねらいから逆算して構想することが重要なのです。

考えを深めるツールとして、1人1台端末を活用する

第3学年「事故や事件からくらしを守る」の「調べる」の一場面です。

本時の問いについて全員で話し合うという一斉授業スタイルもとても重要ですが、時にICTを活用することで、一人ひとりの理解の仕方に合わせて学習を進めることができます。

「調べる」場面でのICT活用のポイントは次の2つです。

①資料を選択する。
②一人ひとりのペースで思考を深める。

①については、文章資料だけでなく、動画も用いることが考えられます。

これまでの一斉型の授業の場合、同じ動画を全員に一度に見せていました。ICTを活用することで、一人ひとりが自分のペースで、自分の課題に合ったものを繰り返し見ることができるようになります。

②については、タブレット端末上でシンキングツールを使い、一人ひとりが試行錯誤しながら自分で考えを深めることができるようになります。

ICT活用というと、インターネットで検索し情報を集めることやプレゼンテーションソフトで発表資料を作成することが浮かびがちですが、**一人ひとりが効率的に考えを深めていくということに視点を置くことも大切なポイント**です。

■第3学年「事故や事件からくらしを守る」

ここでは学習問題「事故や事件からくらしを守るためにだれがどのようなことをしているのだろう」を基に学習計画を立て、グループ4人で分担して調べるようにしました。

それぞれが担当した問いは次の4つです。

・警察はどのようなことをしているのだろうか。
・110番はどこにつながるのだろうか。
・学校や地域はどのようなことをしているのだろうか。
・施設や設備はどのようになっているのだろうか。

自分が受けもった問いについて、まずは、タブレット端末で動画を見たり副読本を読んだりして情報を集めノートに書いていきました。

その後、アプリ（ロイロノート）上のシンキングツールに記入しながら、考えを深めて

警察		調べて見つけたこと		
		①	②	③
	何をしているか（それは何か）。	現場で交通整理	自転車、バイク、ドライバーに呼び掛け	小学校や家を訪問する
	なぜそうなのか。	現場では車で渋滞するしまた事故が起きたら大変だから	安全運転してもらうため	安全な場所を歩いてもらうため
	事けんや事こをへらすこととどうつながるか。	その事故だけで済ませるため	安全運転すると事故が少しでも減る	安全な場所を知らせると事故が少しでも減る

いきました。上の写真はある一人の子が記入したものです。

上段に「そこでしていること」、中段に「それが行われている理由」、下段に「学習問題とのつながり」を書くように指示しました。

このようにすることで、一人ひとりが事実を基にその意味を深く考えるようになりました。

ここで作成したデータチャートは、その後、同じグループ内で共有していきました。

ICT活用はインターネット検索だけではありません。動画視聴やシンキングツールの例で示したように、**試行錯誤しながら、一人ひとりが自立して学ぶことができることに大きなメリットがある**のです。

グループでの話し合いは、アウトプット方法を明確にする

第3学年「事故や事件からくらしを守る」の「調べる」の一場面です。

学習問題を解決するために、グループで分担して調べたことを発表し合っています。

一人ひとりが一生懸命に調べたことを、他のメンバーに伝えています。聞いている方も一生懸命にメモしています。

「私が調べたのは『警察はどのようなことをしているのだろうか』です。…ということがわかりました」

「じゃあ、次の人どうぞ」

このようなやりとりが淡々と繰り返されていきます。つまり、ただの発表会になってしまっているということです。

学習問題を解決するという目的のもと分担して調べたはずですが、何のために報告しているのかということが頭から抜けてしまっているようです。子どもたちも「調べてくれたことを知るだけでいいのかな…」と思っているかもしれません。

このように、分担して情報共有しているにもかかわらず、深まりがないままになってしまうのは、**報告したものをどう扱うかが不明確であることが要因**であると考えられます。

これを改善するには、思考が深まるようアウトプット方法を明確にしておくことが重要です。

■第3学年「事故や事件からくらしを守る」

前項で紹介した場面の続きになります。

ここでは、次ページに示したようなワークシートに一人ひとりが調べたことを記入させるようにしました。

また、話し合う手順も次のように示しています。

①つくったデータチャートを発表する。
②「○○さんのまとめ」（ワークシートの内容）についてみんなで話し合い、自分のワークシートにも書く。
③次の子どもが同様に進める。

（　　　　）さんのまとめ

110番は、たくさんのじむしょにつながっている。たとえば、交番、パトロールカー、けいさつしょ、またはけいさつほんぶ、びょういん、交通かんせいセンターなどにつながっている。なぜなら、110番だけでは、ひとびとをたすけられないから。

（　　　　）さんのまとめ

けいさつは、現場で交通整理をしている。なぜなら、また同じじこがじけんがおきたらたいへんだから。

子どもたちはこの手順に沿って調べたことを基に話し合っていきました。

「Aさんが調べたことを使うと、『警察は学校に行ってみんなが安全に暮らせるように呼びかけをしている。なぜなら、子どもたちがそういうことをわかっていないと、事件や事故に巻き込まれてしまうから』にできそうだね」

このようにすることで、調べたことの発表会にならず、調べたことを共有しつつ、社会的事象の意味や働きを捉えることにつながります。

「学習問題を解決する」という目的意識は当然重要なものですが、それだけですべてがうまくいくわけではありません。

学習問題の解決につながるよう、アウトプット方法を明確に示していくことで、話し合いの必要性が生まれ、より学習が充実していくのです。

第3章

まとめる

学習問題を解決する

事実の確認だけでなく、学習問題について話し合う

第3学年「火事から地域のくらしを守る」の「まとめる」の場面です。この時間は単元の終末部分にあたります。

「まとめる」という言葉には、以下のような意味があります。

・別々にあるものを集めて1つにする。
・思考・資料などを整理して1つの形に落ち着かせる。
・話し合いなどの決まりをつける。

（『明鏡国語辞典』より）

「まとめる」という言葉通りに受け止めると、調べた事実を確認することであったり、学習問題についての答えを見いだしたりすることになります。

しかし、**このような「ただ1つの正解」を求めるような展開では、事実をしっかりと覚えている子どもは、知識を再生するのみの時間になってしまいます。**言い換えるならば、学習への関心が下がり、単元の中で最も無意味な時間になってしまいます。

私は、「まとめる」の時間が、子どもたちにとって最も充実する時間であってほしいと願っています。

そこで「まとめる」時間を次のように展開しています。

①調べてきたことの確認（図の確認）。
②学習問題について自分の考えを書く。
③話し合う。
④学習問題についての自分のまとめを書く。

■第3学年「火事から地域のくらしを守る」

次ページに示したのは、まとめ（第7時）の板書です。まずは、子どもたち一人ひとりが調べたことを整理した図の内容を確認しました（後述pp140～143）。

「消防署と地域・学校はどんな関係があると考えましたか?」

「学校では避難訓練をしていることが関係していると思います。消防署だけでは被害を防げないかもしれないからです」

次に、学習問題についての自分の考えを書き、話し合いました。

「火事からくらしを守るために、消防署や学校・地域が協力して火事が広がらないようにしていると思いました。例えば…」

「私はちょっと違って、火事からくらしを守るために、119番のときに消防署だけで

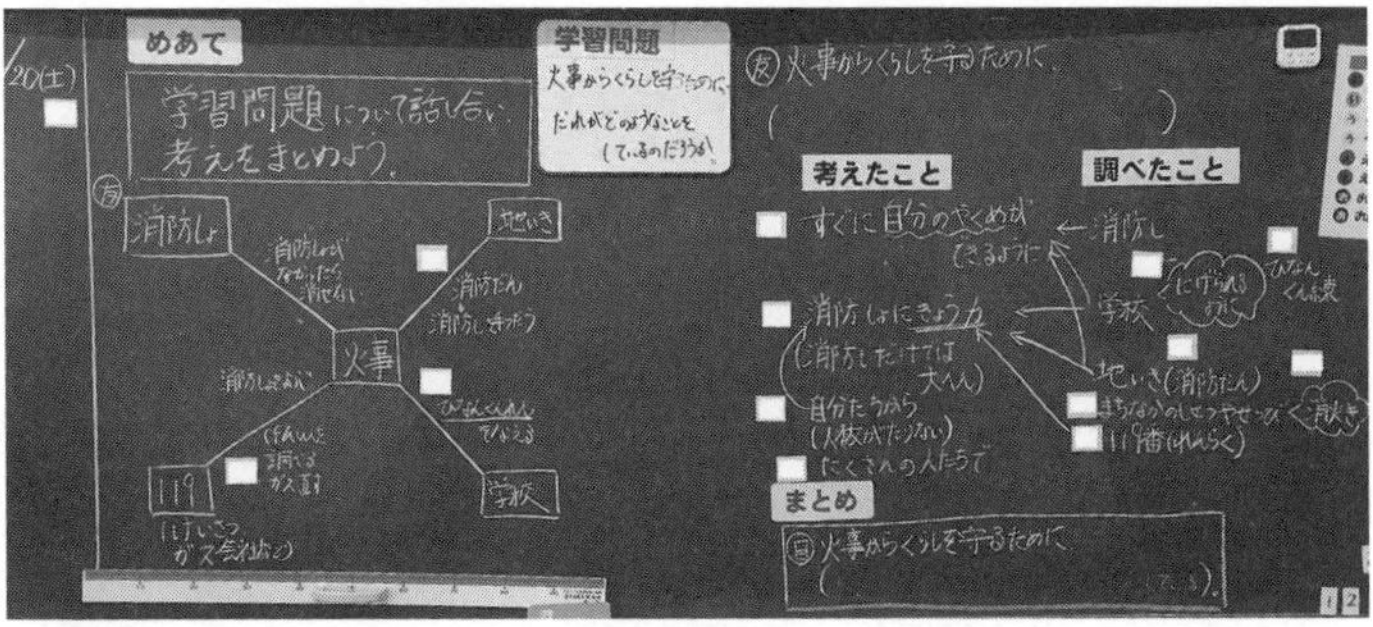

はなく、警察が来たり、消防団も駆けつけたりするので、協力しているのだと思いました」

このような話し合いを通して、「協力」というキーワードが見えてきました。

「では、学習問題についてのまとめを自分で書きましょう」

「火事からくらしを守るために、消防署や地域・学校だけでなく、警察署なども協力して、火事が広がらないようにしている」

「まとめる」は、事実の確認だけではなく、学習問題について話し合うことを通して、社会の様子を捉えていくことが大切です。そのためには、**事実を基に、意味や働きを考えるように展開することが重要**なのです。

各時間の学習内容を振り返り、一覧にまとめる

第3学年「農家の仕事」の「まとめる」の場面です。

学習問題「世田谷区の農家のSさんはどのように野菜をつくっているのだろうか」について話し合おうとしています。

「学習問題について話し合いましょう」
「Sさんは、野菜に肥料をあげてつくっていました」
「Sさんは、毎日野菜の様子を見てつくっていました」
「Sさんは、植える時期を変えて野菜をつくっていました」

「まとめる」段階であるにもかかわらず、事実が羅列されるだけで、話し合いが深まっていきません。

ここまで学習問題と学習計画に沿って進めて来ています。しかし、それらが結びついていないのです。

これは、**学習してきたことが直線的に並んでいるだけで、全体を俯瞰して捉えることができていないことが要因**であると考えられます。

言い換えるならば、学習した内容の中で、その子が印象に残っていることを断片的に発表しているという状態です。

このままでは、表面的に事象を捉えて単元の学習が終わってしまいます。そうならないためにも、全体を俯瞰する活動が必要になるのです。

具体的には次のような活動を設定します。

①各時間の学習内容を振り返り、一覧にまとめる。
②振り返った内容を図化して全体を俯瞰する。

■第3学年「農家の仕事」

「まとめる」段階では2時間を確保しました。前半は「各時間の学習内容を振り返り、一覧にまとめる」活動を行います。

ここでは学習問題「世田谷区の農家のSさんはどのように野菜をつくっているのだろうか」に基づいて調べてきたことを振り返ります。

次のように指示を出しました。

「ノートに書いてきた、それぞれの『まとめ』を確認しましょう。確認できたら、まとめワークシートの枠の中に書いていきましょう。足りないことがあったら、それもつけ足しましょう」

ある子はノートを確認し、次ページのように整理しました。例えば、「一気に肥料をまくのではなく、必要な分をあげている」(〔おいしくする方法〕)、「Sさんは収穫した後は

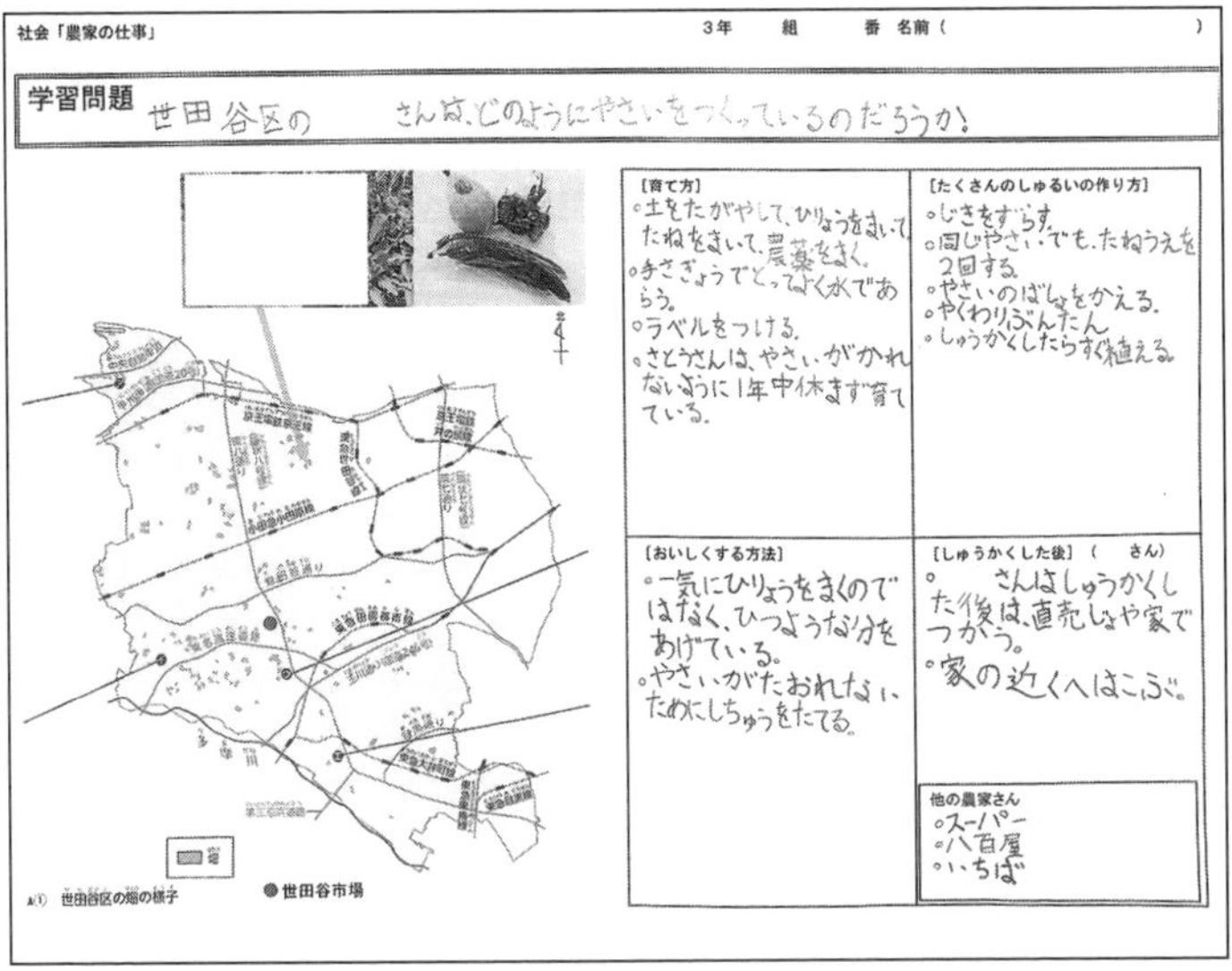
社会「農家の仕事」　3年　組　番　名前（　　　）

学習問題　世田谷区の　　さん家、どのようにやさいをつくっているのだろうか。

【育て方】
。土をたがやして、ひりょうをまいて、たねをまいて、農薬をまく。
。手さぎょうでとってよく水であらう。
。ラベルをつける。
。さとうさんは、やさいがかれないように1年中休まず育てている。

【たくさんのしゅるいの作り方】
。じきをずらす。
。同じやさいでも、たねうえを2回する。
。やさいのばしょをかえる。
。やくわりぶんたん
。しゅうかくしたらすぐ植える。

【おいしくする方法】
。一気にひりょうをまくのではなく、ひつような分をあげている。
。やさいがたおれないためにしちゅうをたてる。

【しゅうかくした後】（　さん）
。　さんはしゅうかくした後は、直売しょや家でつかう。
。家の近くへはこぶ。

他の農家さん
。スーパー
。八百屋
。いちば

世田谷区の畑の様子
●世田谷市場

直売所や家で使う」（「しゅうかくした後」）と書いています。

　このように、**学習したことを一覧にすることで、印象に残ったことだけで考えるのではなく、調べたことの関連を見つけながら学習問題について考えられるようになる**のです。

　加えて、このような活動を繰り返すことで、各時間の学習の意味を子ども自身が意識するようになっていきます。

　次項以降で、関連図、特性要因図、白地図、年表、Xチャートなどで、「②振り返った内容を図化して全体を俯瞰する」活動を紹介します。

振り返った内容を図化して全体を俯瞰する

①関連図

第5学年「森林とわたしたちの生活」の「まとめる」の場面です。

学習問題「林業家が減る中で、森林を守るためにだれがどのようなことをしているのだろう」について情報を整理していきます。

社会科の学習で情報を整理する際には、プロセスを整理していくのか、仕組みを整理していくのかということがある種の観点になります。

今回の場合、「だれが」「何に対して」「どのようなことをしているか」ということについて整理していくので、仕組みを整理していくことになります。

仕組みの整理に向いているのは関連図（関係図）です。

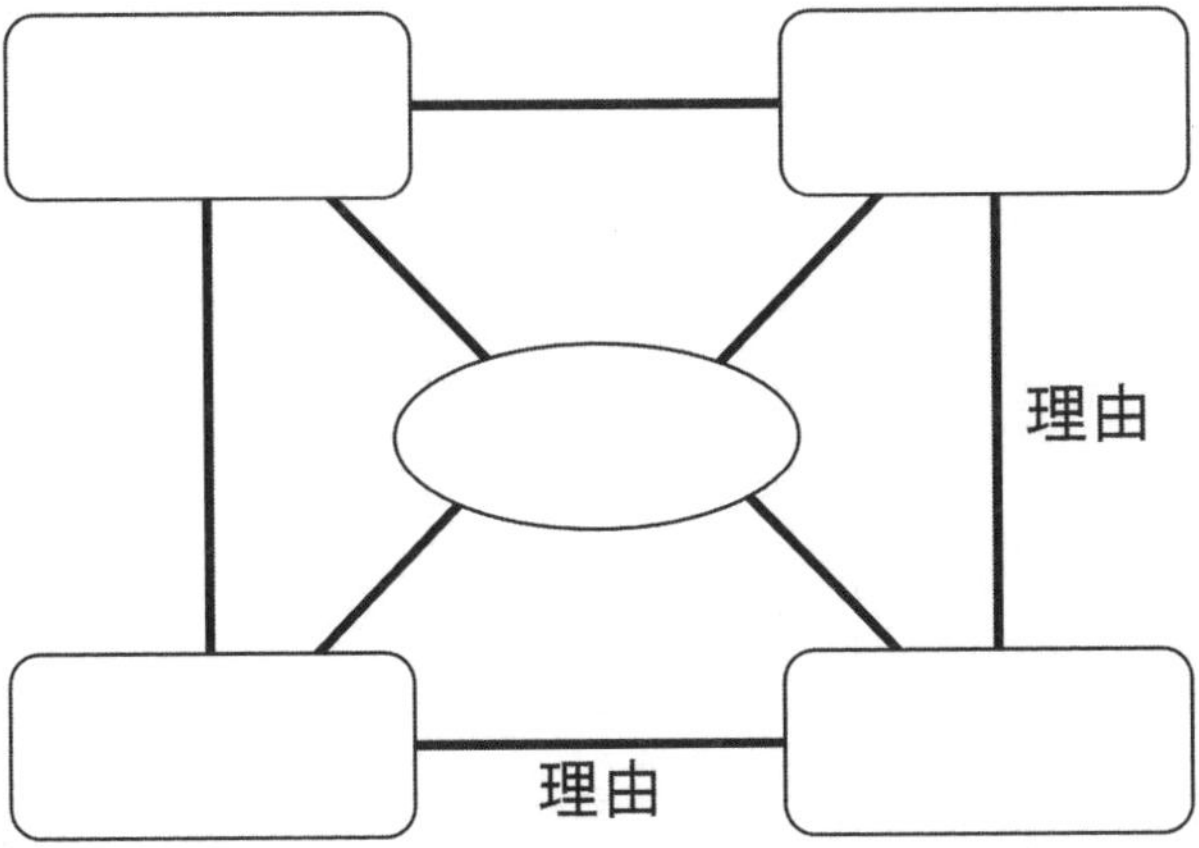

この関連図にはいくつかの形があります。しばしば見られるのは、ある社会的事象について、いくつかの立場がかかわっている構図です（上図）。中央に示された事柄を改善したり支えたりしているような仕組みです。

他には、中央はないのですが、1つの枠組みの中で（例えば「環境保全」のように）いくつかの立場がかかわっている構図です。それぞれが相互に関連する仕組みです。

もちろん、これらは取り上げる立場によって要素の数が変わります。当然のことながら、数が増えるほど、仕組みは複雑になっていきます。

関連図のメリットは、このように**事象に対するかかわり全体を俯瞰することができることにあります。**

■第5学年「森林とわたしたちの生活」

次ページの図は「森林とわたしたちの生活」においてある子どもがつくった関連図です。つくり方は次のように伝えました。

①各時間でつくってきたまとめカードをワークシートに配置する。
②中央の事柄とまとめカード、まとめカード同士のうち、関連があると思われるものを線で結ぶ。
③線上に関連があると考えた理由を書く。

このようにして一人ひとりが関連図をつくりました。森林の現状に対する取り組みについては、次のような記述が見られます。

・「緑の雇用」をすることで若手を増やせる。緑の募金では国民が（森林の現状を）意識

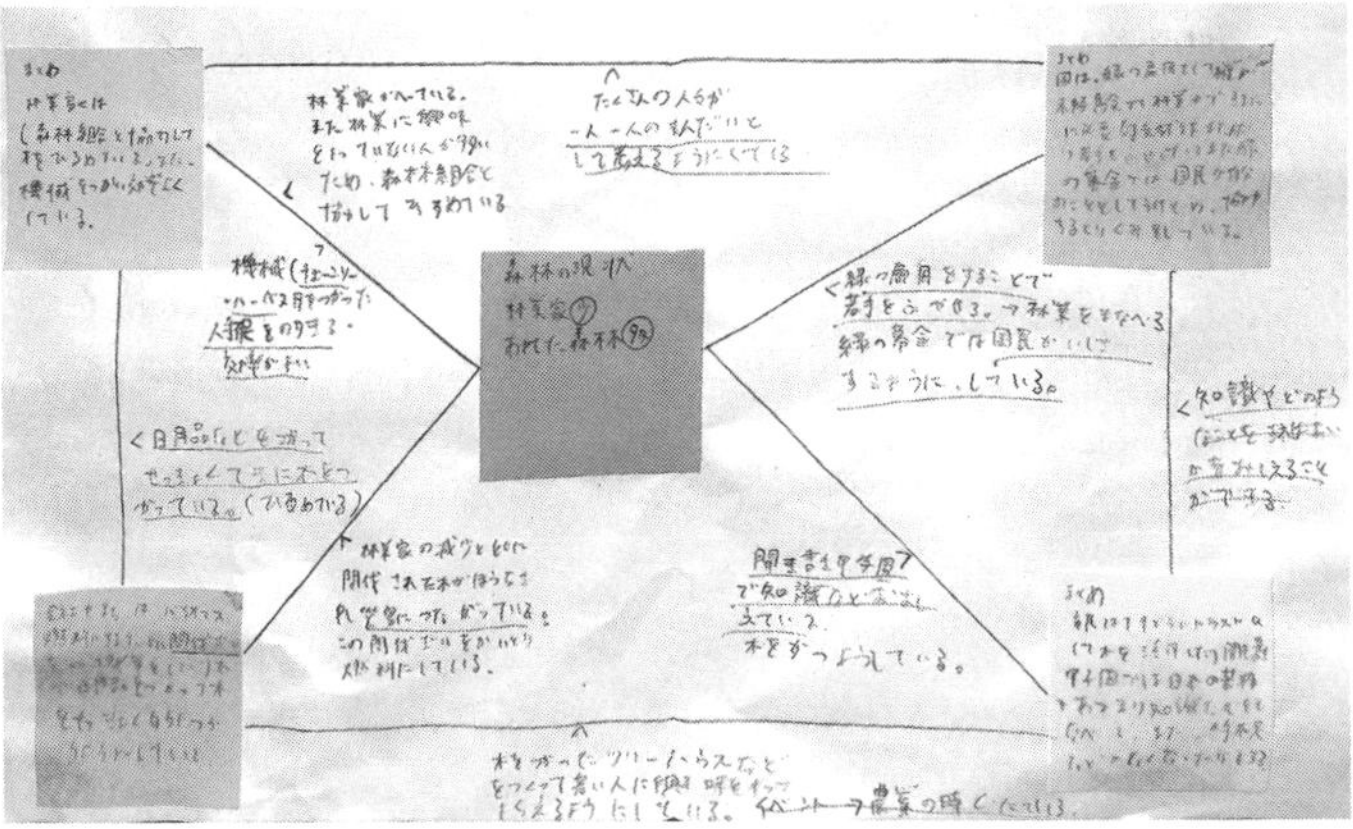

するようにしている。

・林業家の減少で間伐された木が放置され災害につながっている。この間伐材を（企業や自治体が）買い取り燃料にしている。

また、国と林業家との関連については、次のように書いています。

・たくさんの人々が一人一人の問題として考えるようにしている。

関連図を作成することで、学習したこと同士がつながり合い、各時間を学習していたときには見えなかった意味や働きを見いだすこともできるようになります。こうすることで**全体を俯瞰し、仕組みを捉えながら考えることができるようになる**のです。

振り返った内容を図化して全体を俯瞰する

②特性要因図

第6学年「日本国憲法とわたしたちのくらし」の「まとめる」の場面です。

学習問題「日本国憲法ができたことでわたしたちの生活はどのようになったのだろうか」について情報を整理していきます。

ここでは、日本国憲法の「国民主権」「基本的人権の尊重」「平和主義」「国の政治の仕組み」がわたしたちの生活をどのように成り立たせているのかを特性要因図（次ページ）という形に整理していくようにしました。

特性要因図とは、結果（現状）に対してどのような要素がどう結びついているのかを把握するために用いるものです（別名「フィッシュボーン」とも呼ばれています）。

一見すると関連図とも似ているのですが、右側に結果が来ている点が特徴的です。

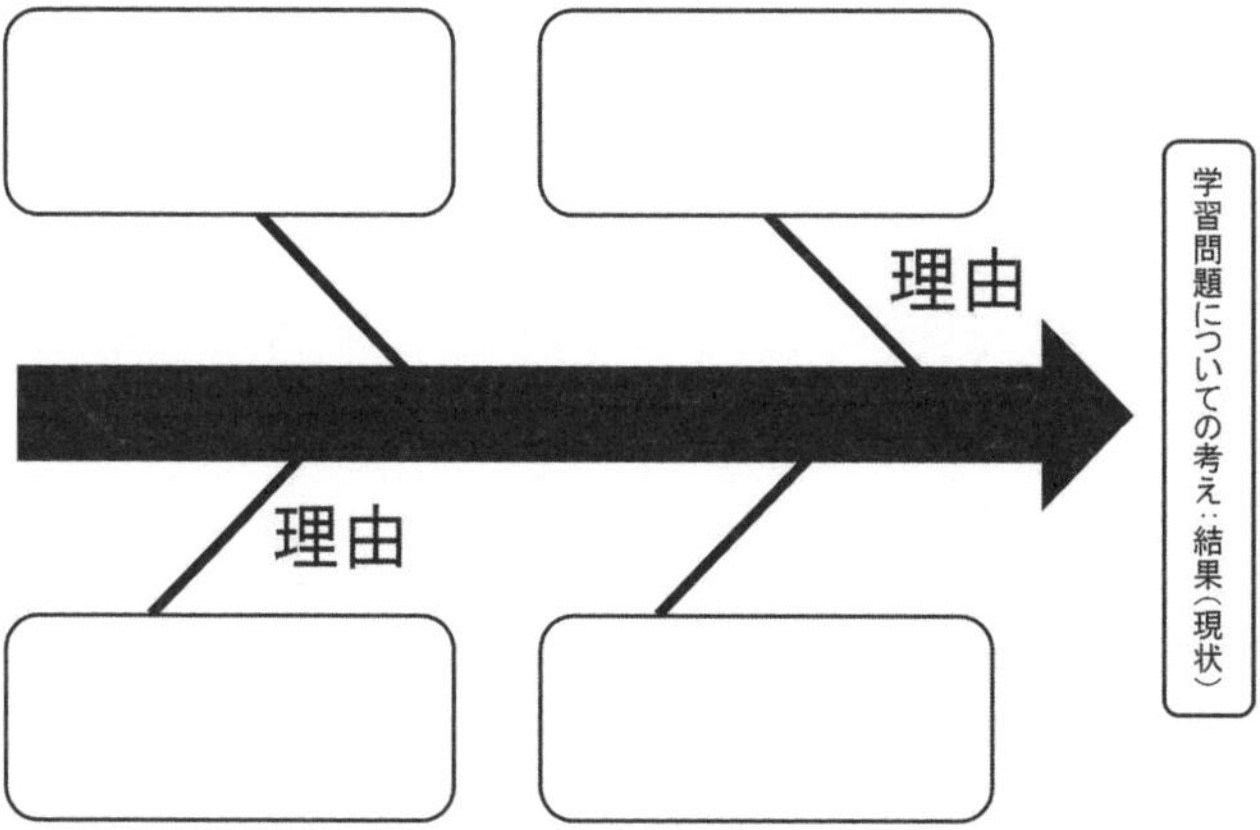

言い換えるならば、**それぞれの要素があることによって、ある特定の結果が引き起こされていると捉えることができる図**なのです。

つくり方は次のようになります。

①各時間でつくってきたまとめカードをワークシートに配置する。
②中央の矢印とのつながりを考えて、線上に書く。
③矢印の矢の先に学習問題についての考えを書く。
（④必要に応じて、要素同士の関連を考え線で結び記述する）

■第6学年「日本国憲法とわたしたちのくらし」

次ページの図は、この単元である子がつくった特性要因図です。

学習計画では「国民主権」「基本的人権の尊重」「平和主義」「国の政治の仕組み」について調べてきました。それぞれの時間で、各自がまとめカードを書いてきました。

中央の矢印に向かって、それぞれのカードを貼っていき、現在のわたしたちの生活との関連を考え記述していきました。

この子が見いだしたのは、次のようなことです。

・国民主権……………国民の意見が大事にされる。
・基本的人権…………将来も安心できるようになり差別がなくなった。
・平和主義……………安心安全な生活が送れる。
・国の政治の仕組み…くらしにかかわる仕事をして国民を支えられるようにしている。

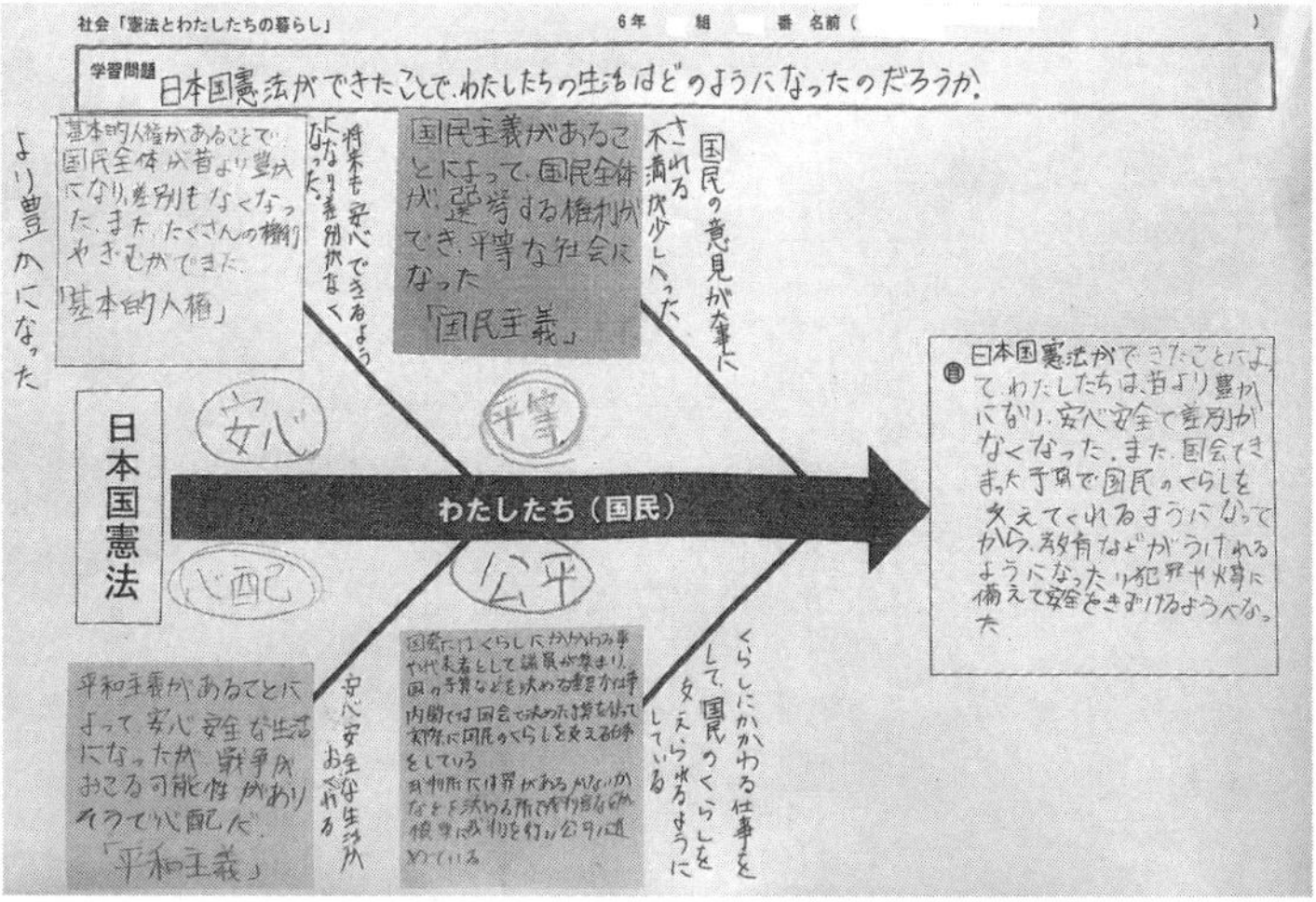

このように、**特性要因図をつくることを通して、日本国憲法にあるそれぞれの要素が現在のわたしたちの生活をどのように成立させているのかということを分析的に捉えていきました。**

この単元以外では、第5学年「放送局とわたしたちのくらし」でも特性要因図を活用することが可能です。「わたしたちが放送局からの情報を得て生活に生かしている」という現状について、「情報の収集」「情報の発信」などの要素に着目して捉えていくようにすることが考えられます。

振り返った内容を図化して全体を俯瞰する

③白地図

第3学年「世田谷区の様子」の「まとめる」の場面です。

学習問題「世田谷区にはどこにどのようなものがあるのだろうか」について情報を整理していきます。

ここでは「土地利用の様子」「交通の様子」「地形の様子」「古くからある文化財など」「公共施設」について調べてきました。

その土地の様子を面として捉えていくには白地図に整理していくことが有効です。

白地図は、輪郭だけを線で表し、記号や文字も記されていない地図であることから、**作業しながらその地域の様子を把握していくことに効果を発揮します。**

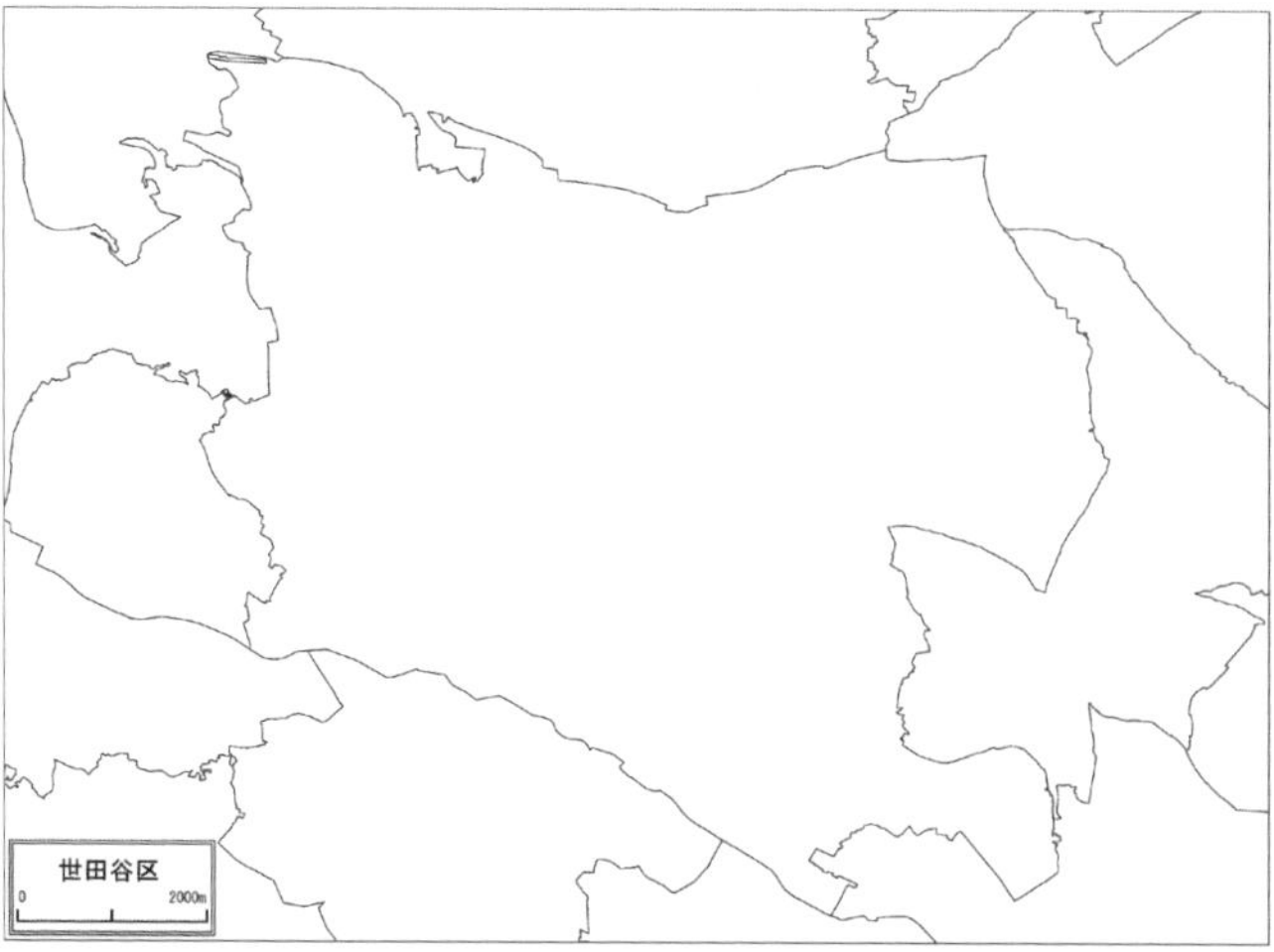

特に、社会科を始めたばかりの第3学年の子どもたちは、色塗りなどの作業に取り組むことで分布や傾向を捉えやすくなると考えられます。

単元終末では次のように取り組ませるとよいでしょう。

①各時間でまとめてきたカードの内容を確認する。
②地形や交通などに着目し、地図に色をつける。
③カードを周辺に貼り、関連する箇所とカードを矢印で結ぶ。

■第3学年「世田谷区の様子」

学習計画では「土地利用の様子」「交通の様子」「地形の様子」「古くからある文化財など」「公共施設」を調べてきましたが、まだ羅列的です。

ここでの白地図作業を通して、全体を俯瞰して世田谷区の様子を捉えるとともに、場所による傾向の違いに気づけるようにしました。

次ページの写真は、この単元においてある子が整理した白地図です。

この子は、各時間でまとめてきたカードの内容を確かめた後、土地の高低差を色分けし、線路や道路を色鉛筆でなぞり出しました。

この作業を通して、世田谷区では北から南へと土地の高さが下がっていること、たくさんの線路が主に東西に、主な道路が南北に通っていることを再確認していきました。

その後、白地図の周辺にカードを貼りました。

左中段には「世田谷区の畑は西や南の方が一番あつまっています（原文ママ）」と書か

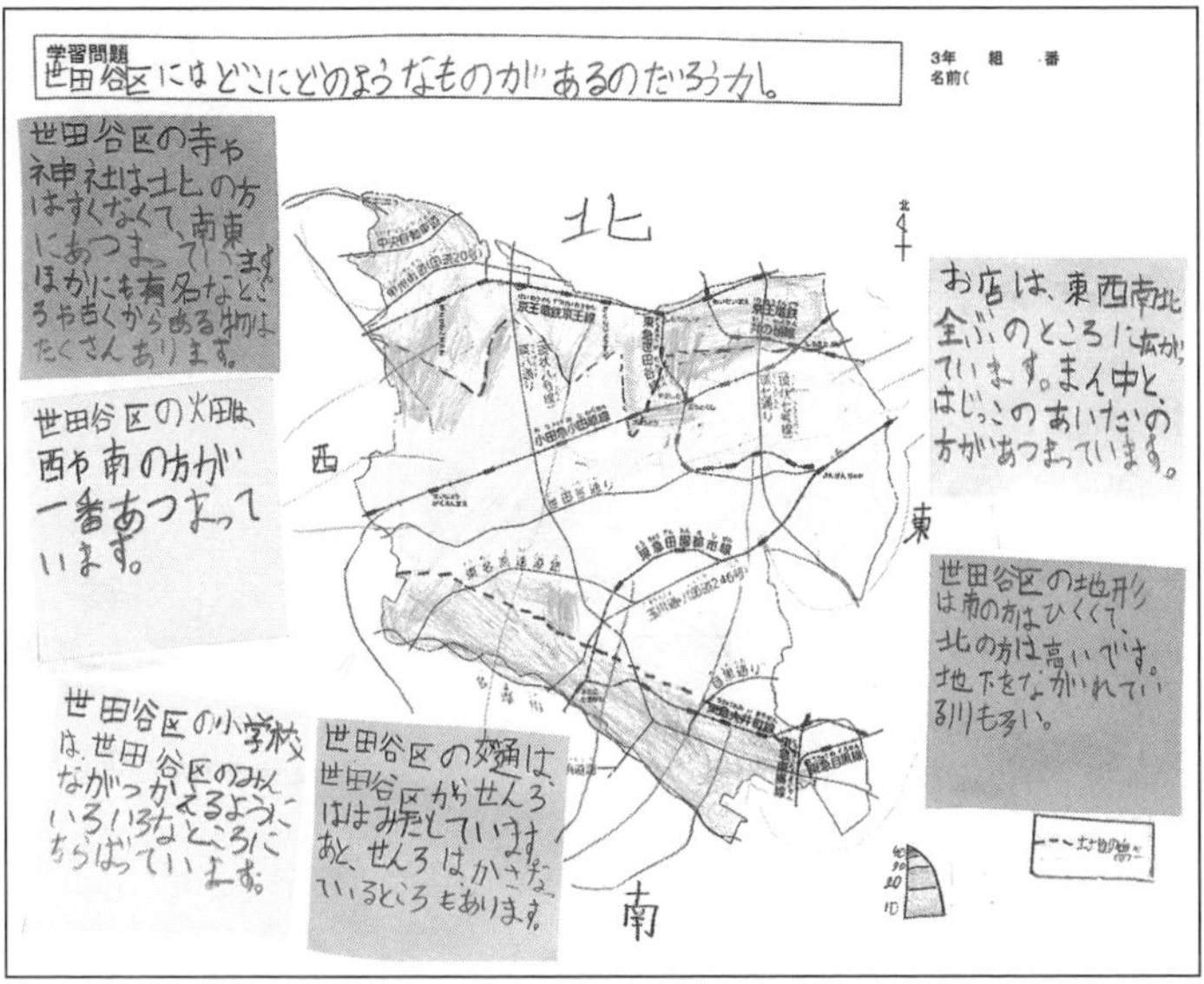

れたカードを配置し、地域の中で中央より西寄りに農地が広がっていることを示していました。

ここでは第3学年を事例に紹介しましたが、**第4学年「廃棄物の処理」や「電気・ガス・水道」でも白地図に情報を整理することが有効**です。

その地域の公衆衛生にかかわる事業が、地域を越え、様々な人の働きによって支えられていることを、位置や空間の広がりから捉えることができるようになることでしょう。

振り返った内容を図化して全体を俯瞰する

④年表

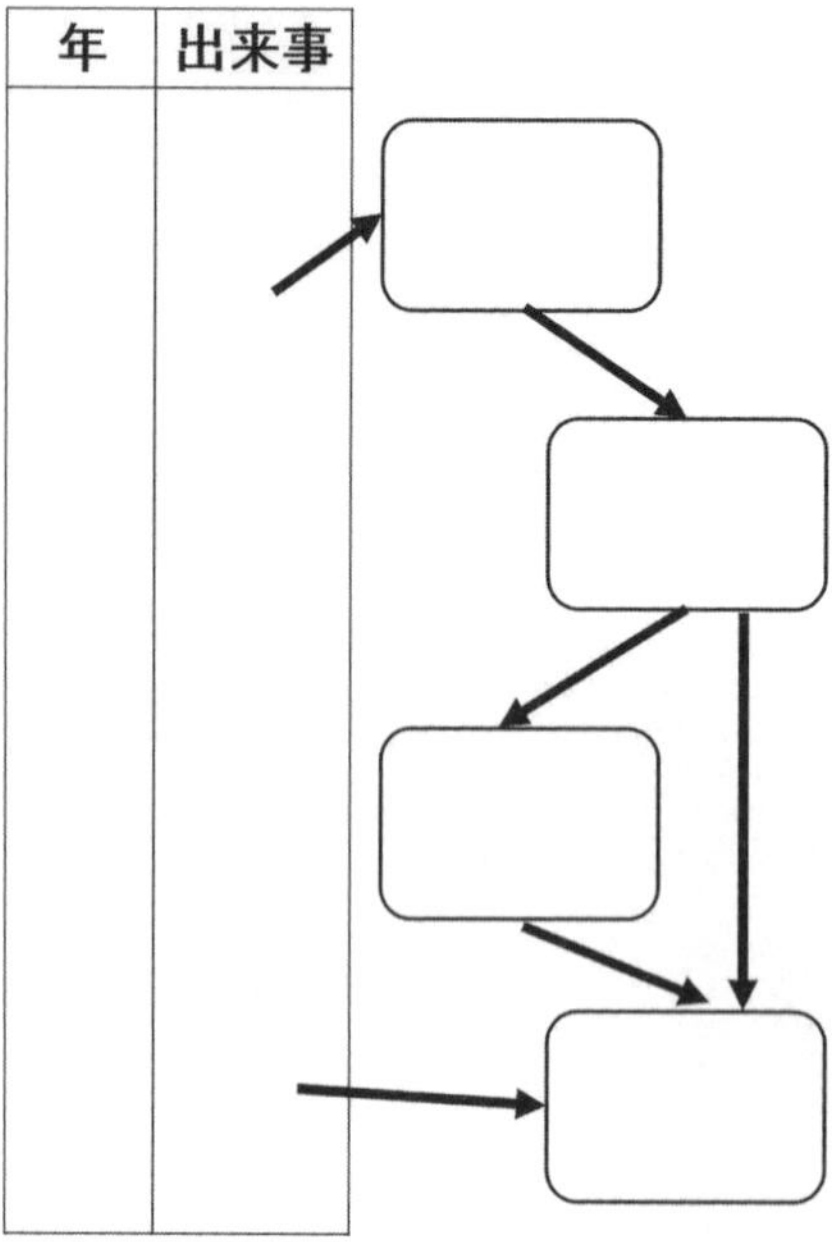

第6学年「縄文のむらから古墳のくにへ」の「まとめる」の場面です。

学習問題は「縄文時代のあと、社会はどのように変わったのだろうか」です。学習計画は時間の流れに沿って、「弥生時代のくらし」↓「古墳時代の建造物」↓「大和朝廷による統一」の順番と内容で進んでいきました。

当然のことながら、歴史学習では時間による変化を捉えていく必要があります。と同時に、特徴的な出来事の意味やそのころの社会の様子を捉えていく必要もあります。

そこで年表に整理することが必要なのですが、私は年表づくりにおいて、出来事をただ年号順に羅列していくような形では学習を行いません。**時間の流れを意識しつつも、出来事や人物の取り組みの関連を考えながら、そのころの社会の様子を捉えられるようにしています**。

具体的には次のような手順で年表づくりに取り組むようにしています。

①各時間でつくってきたまとめカードをワークシートに時間の流れ通りに配置する。
②出来事や人物の取り組みの関連を考え、線で結び、つながる理由を線上に書き込む。

■第6学年「縄文のむらから古墳のくにへ」

歴史学習では、時間による社会の変化を捉えていくことが重要です。年表に整理していくことによって、そのころの社会の様子を俯瞰的に捉えることができるようになります。

次ページの写真は、この単元においてある子が整理した年表です。学習問題と学習計画に沿って、各時間でまとめてきたカードを配置し、それぞれの関連を考えています。

次のような指示を出して作業を進めるようにしました。

「各時間のカードを上から時間の順に並べましょう」

「カードとカードのつながりを考えましょう。何と何が関係すると思いましたか?」

「私は、米づくりが広まったことと古墳づくりがつながると思います。なぜなら、米づくりによって富に差が生まれ、身分の違いが出てきたからです」

「では、そのようなことを自分でも見つけて年表に整理していきましょう」

このように一人ひとりが年表に整理しながら、調べたことの関連を考えていきました。

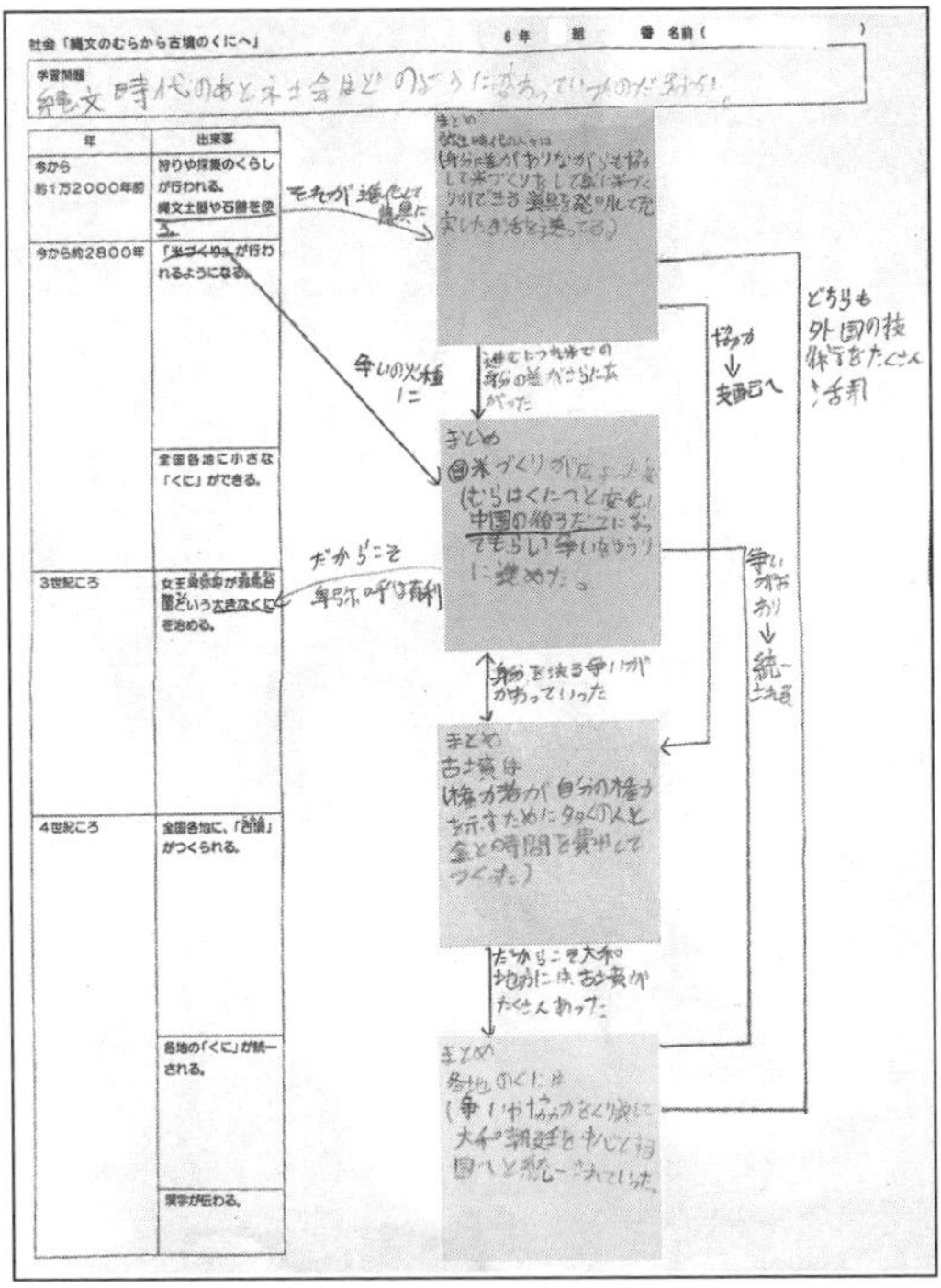

この年表を作成した子は、弥生時代の社会の様子と古墳づくりとを関連づけ、人々が協力する社会になりまわりのむらを支配するようになったこと、米づくりが伝わったこと、国土の統一に向けた社会の動きには大陸から伝わった技術がかかわっていたことに気づきました。

この年表づくりには留意することがあります。それは、**関連づけたときの理由が妥当ではないときがあること**です。また、**時間の流れを無視して関連づけてしまっていること**もあります。そういったものが見受けられた際には、指導・助言が必要になります。

振り返った内容を図化して全体を俯瞰する

⑤Xチャート

第5学年「情報を生かす産業」の「まとめる」の場面です。

学習問題は「宅配便の人々は読み取った情報をどのように活用しているのだろうか」です。

学習計画として、「宅配便の仕組み」「情報の種類や集め方」「情報機器」「新たな取り組み」について調べていきました。

この単元の学習では、宅配便が情報を活用して発展している様子を捉えるために、先に挙げた4つの要素が宅配便を成り立たせていることをXチャートに整理するようにしました。

Xチャートには、次のようなメリットがあります。

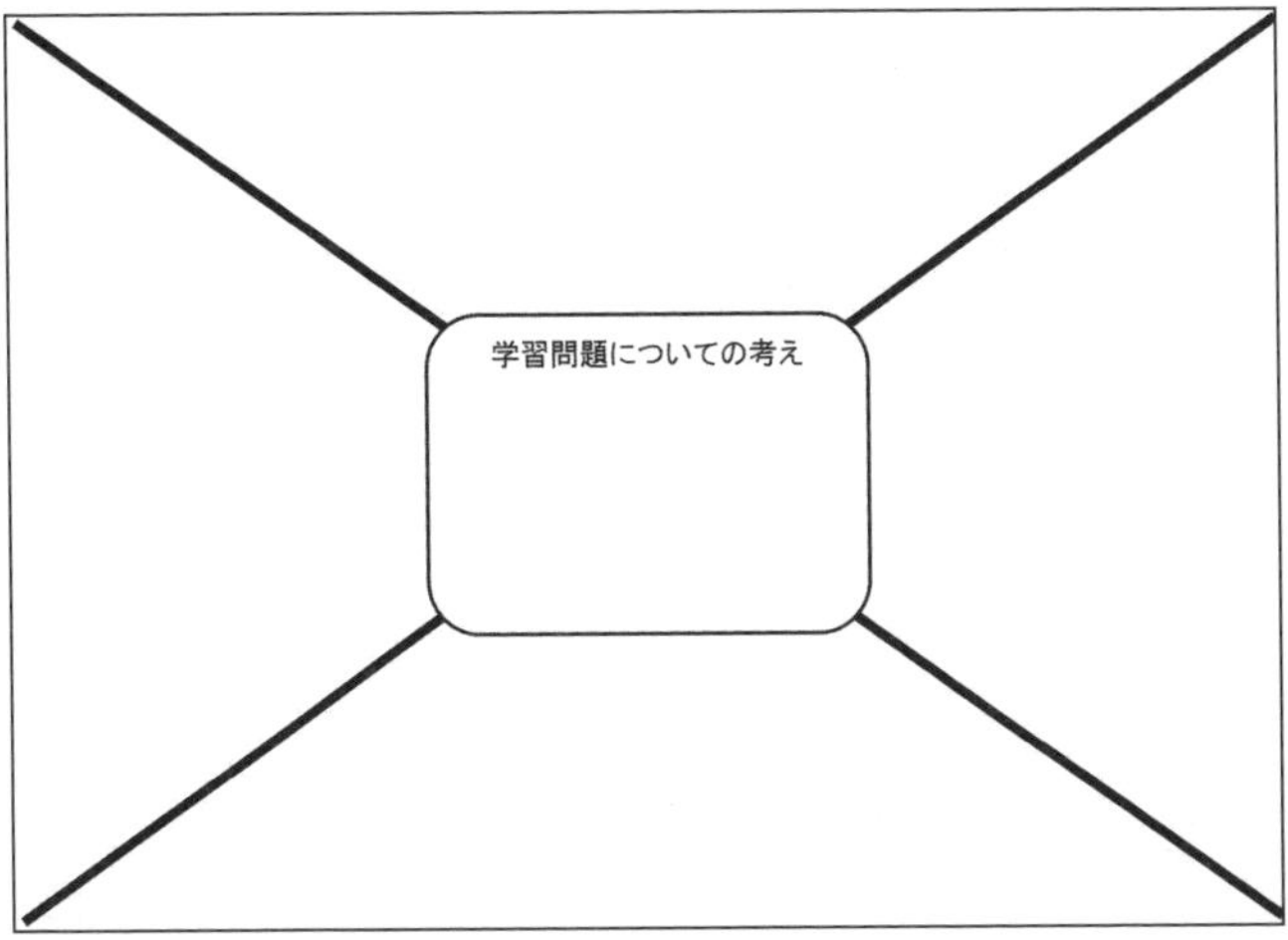

・枠が決まっているので調べたことの整理がしやすい。
・中央に配置した学習問題との関連性が見えやすくなる。
・学習問題について広い視野から考えられるようになる。

関連図でも同様のメリットは得られますが、Xチャートの場合、**各要素が中央の「学習問題についての考え」と直接的につながっているので、意味や働きが集約されやすくなります。**

ここでは要素が4つだったのでXチャートが適しています。仮に3つの場合はYチャートがよいでしょう。

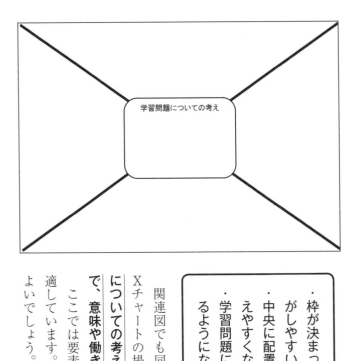

第5学年「情報を活用する産業」

次ページの写真は、この単元においてある子が整理したXチャートです。学習問題と学習計画に沿って各時間で調べてきたことを、改めて枠組みに当てはめて表現しています。

私は次のように指示を出しました。

「これまで学習計画に沿って4つのことを調べてきましたね。これをXチャートに整理しましょう。4か所にそれぞれ小見出しをつけて、図やイラストなども入れながらつくりましょう」

こうしてでき上がったXチャートに、例えばこの子は次のように表現しています。

「読み取った情報は、たくさんの機関を通るときにスムーズに運ぶときに使う。分ける時、集める時により速くなる。（中略）正確にするため」

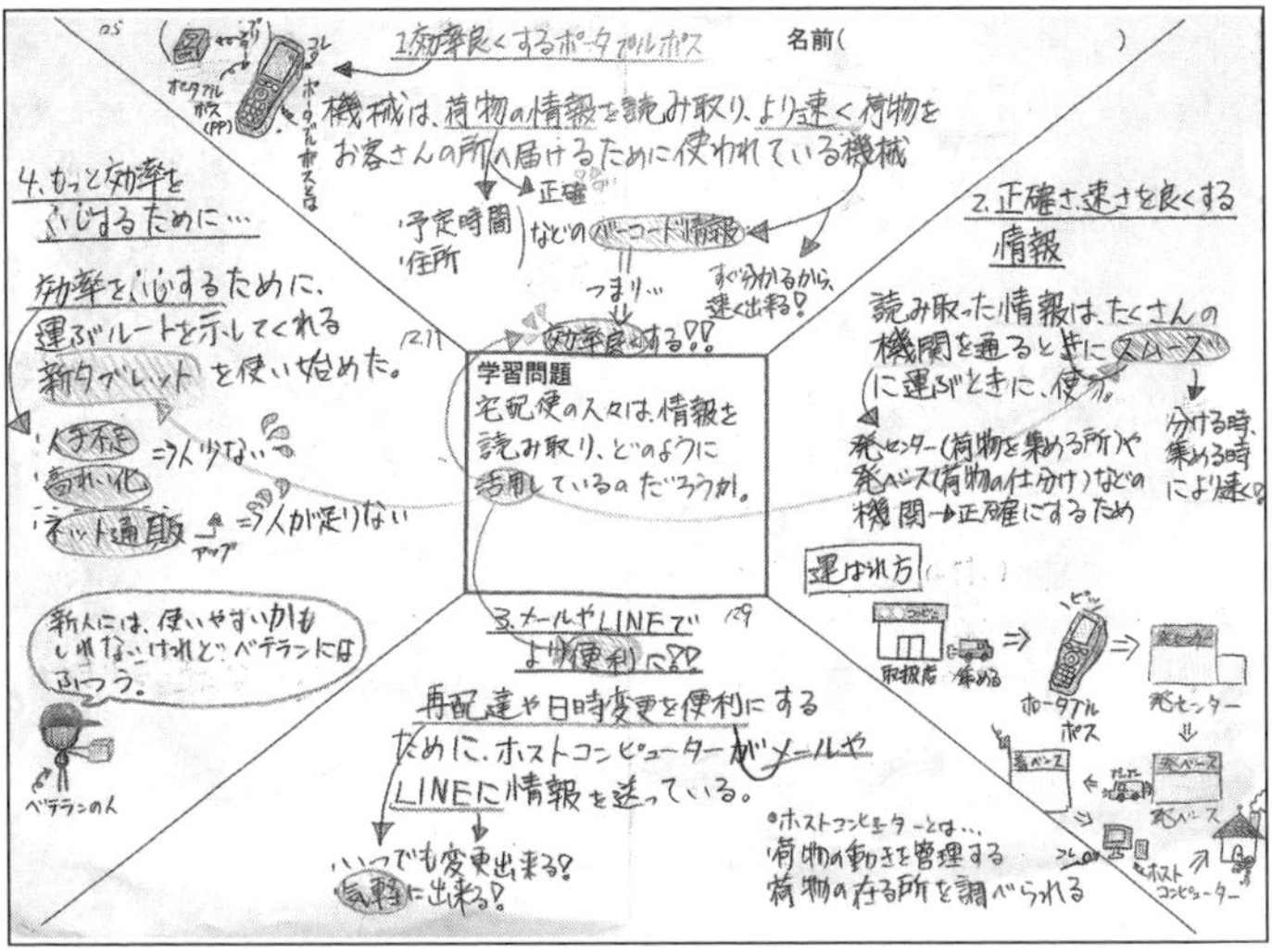

そして、この記述を学習問題と矢印でつないでいます。

他方「（AIの活用について）効率を維持するために（後略）」と捉え、学習問題と矢印でつないでいます。

このようにXチャートに調べたことを整理することで、調べたことを基に広い視野で社会的事象を捉えるようになっていくのです。

ここでは産業学習での活用を示しましたが、歴史学習でも活用することができます。時系列で捉えることが重要になる単元よりは、室町文化や江戸文化など、**ある程度、調べる内容が並列に扱える単元の方が向いています。**

各時間の学習を生かして、学習問題について考える

第5学年「森林とわたしたちの生活」の「まとめる」の場面です。

関連図に整理した段階ですが、図に整理しただけで終わってはいけません。東京大学の上野千鶴子先生によると、図に整理する能力と言語化する能力とは別だそうです（『情報生産者になる』（ちくま新書））。

図化はとても上手なのに、いざ文章にしてみるとめちゃくちゃになってしまう。これは、図は要素を配置して表現することが可能である一方、文章や話す言葉というのは順序性が必要になることが要因で起こる問題だそうです。

こういったことからも、学習問題について言語化していくことが資質・能力をはぐくむ

うえでとても重要なことであると言えます。

図などで情報を整理できたら、それを使って学習問題について考え、話し合っていきます。

「調べる」段階では各種の資料がその根拠となっていました。

この「まとめる」段階では、自分がつくった図が資料となるのです。つまり、**自分のために、自分で資料をつくってきた**ということになります。

まとめた図の位置づけをこのようにすることは、学習することの意味を自ら見いだすことにもつながることでしょう。

- 図への整理…学習内容を確認する
- 言語化………学習内容について順序性を考えて論理的に表現する

■第5学年「森林とわたしたちの生活」

関連図をつくった後の第9時。学習問題について話し合う時間です。前半はそれぞれがつくった関連図を基に内容を確認していきました。

次ページの写真は、第9時の後半の板書です。子どもたちは自分が作成した関連図を基に自分の考えを書き、学級全体で話し合いました。

「私は日本の森林をよくするために、一人ひとりの問題として考えるようにしていると思いました。なぜなら、国の緑の募金も国民の意識を高めようとしているし、市民団体が他の人たちに呼びかけているのも意識を高めようとしているからです」

「今の意見に似ていて、ぼくは林業家の活動を支えるようにしていると思います。理由は、さっき言っていたように、国や市民や会社の取り組みは林業家だけではできないことを助けているからです」

「つけ足しで、森林にかかわる人を増やす取り組みをしていると思いました。市民が他

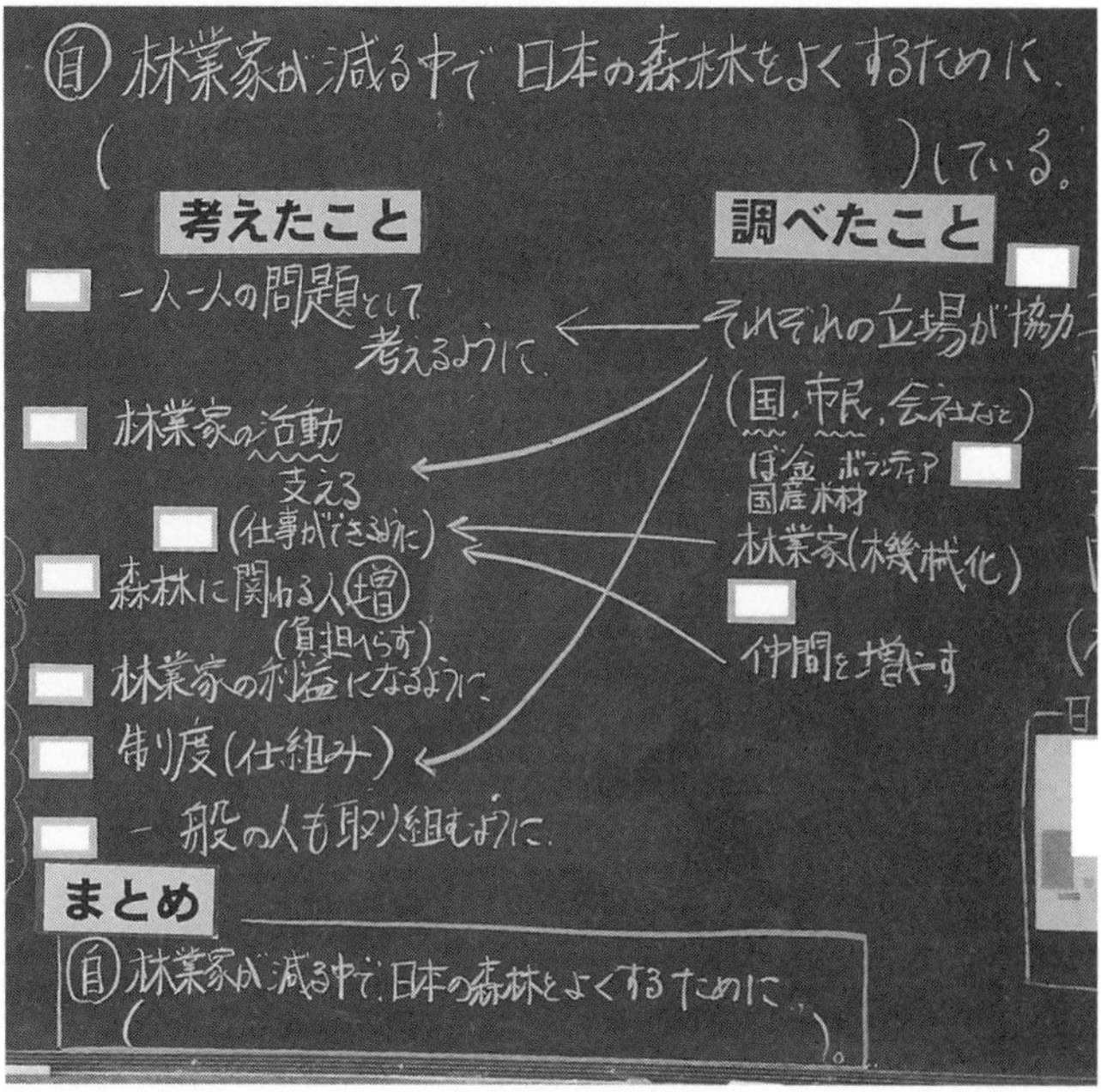
自 林業家が減る中で 日本の森林をよくするために、
(　　　　)している。
考えたこと
調べたこと
一人一人の問題として考えるように。
それぞれの立場が協力
(国、市民、会社など)
林業家の活動支える
(仕事ができるように)
ほ金 ボランティア
国産木材
林業家(機械化)
森林に関わる人増
(負担へらす)
仲間を増やす
林業家の利益になるように。
制度(仕組み)
一般の人も取り組むように。
まとめ
自 林業家が減る中で、日本の森林をよくするために、
(　　　　)。

の人たちに呼びかけて仲間を集めたり、国の『緑の雇用』で新しく林業をする人を支えていたりするからです」

自分が整理した図を資料として活用させることには2つの意味があると私は思っています。

1つは、**自分で資料化する過程で考えをもつことができること**です。もう1つは、**学習の積み重ねが自分のためになるという実感をもつことができること**です。

このような積み重ねが学ぶ態度の育成につながっていきます。

まとめの中で新発見を促す

第6学年「長く続いた戦争と人々のくらし」の「まとめる」の場面です。

学習問題「日本が占領されるまでにどのようなことがあったのだろうか」について話し合います。子どもたちは自分で情報を整理した年表を資料として、学習問題についての考えを文章化していきました。

「日本が占領されるまでに、中国やアメリカとの戦争がありました。なぜなら、教科書にそう書いてあったからです」

「似ていて、たくさんの空襲があったり沖縄での戦争や原爆投下があったりした」

話し合いが始まりましたが、事実の確認がされていくだけになっています。

このように、「調べる」段階で学習したことを再生するような展開になってしまうと、先行して学習している子どもたちの意欲が下がることはもちろん、そうでない子どもたちも「前にやったことと同じだなぁ」と感じ、意欲の低下を招いてしまいます。

このような状況を打開するには、「まとめる」時間を通して、**学習したことの整理や再生ではなく「新発見」のある時間にする必要があります**。

そのためには、第2章で示した「深めるタイム」（pp106～109）を設けて、本質的な事柄に気づけるようにするとよいでしょう。

①年表で内容を確認する。
②学習問題について話し合う。
③「深めるタイム」で本質的な事柄に目を向ける。

■第6学年「長く続いた戦争と人々のくらし」

次ページに示したのは、第7時後半の板書です。自分で整理した年表を基に考えを書き、話し合った段階です。

「日本が占領されるまでに不景気の改善を目指すようなことがあったと思いました。なぜなら、資源を求めて満州などの占領を行っていたからです」

「つけ足しで、国の方針が戦争中心となったと思いました。戦争で国をまとめようとしたり国家総動員法がつくられたりしていたからです」

「ちょっと違うことで、国同士の信頼が少なくなるようなことがあったと思いました。日本は国際連盟から脱退してしまっているからです」

このように話し合いが進んだところで、「深めるタイム」を設け、本質的な事柄を考えるようにしました。

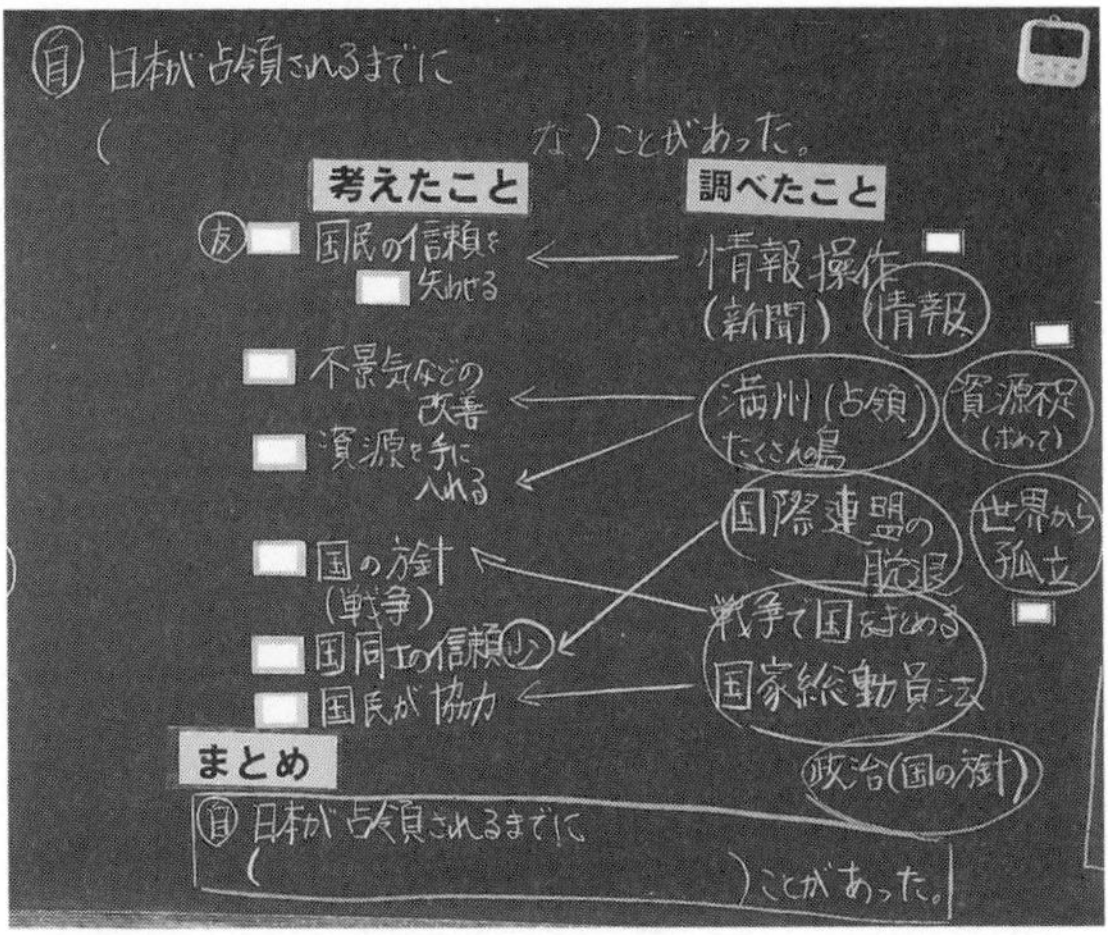

「こうやってみんなの意見を見ていくと、いくつかの分類ができそうなんだけど、要するにどんなことがあったということになりそうですか？」

このような発問を基に、抽象度を上げた表現を考えさせました。ここで子どもたちが見いだしたのは「情報」「資源不足」「世界からの孤立」「国の政治の方針」でした。これらのことは、**事実から見いだした本質的な概念**とも言えます。

このように概念化された事柄は、既習と結びついたり、その後の学習に生かされたりします。このような新発見は、子どもたちの学ぶ楽しさにもつながるのです。

単元のまとめは1つではなく、一人ひとりが書く

第5学年「放送局とわたしたちのくらし」単元で学習問題についての話し合いが終わった場面です。

「では、まとめましょう。『テレビ放送局は信頼されるために、正確な情報を早くわかりやすく伝える取り組みをしている』ですね」

「先生、『見ている人のことを考えて』は入れなくていいんですか？」

「なるほど、でもそれは『わかりやすく』に入っているということにしましょう」

教師が説明したりまとめたりすると、右のようなことがしばしば起こります。

また、子どもが何か言わなくても、心の中で次のようなことを感じている可能性があり

ます。

（先生が言ったまとめで本当にいいのかなぁ…。なんかしっくり来ないなぁ…）

（自分が書こうと思っていたことって違ったな…。でも、あっちを写せばいいか）

子どもに限らず、人が新しい知識を獲得するときには、一方的に与えられていては身につかないことが知られています。

人が知識などを身につけるときには、自分自身でこれまでの経験と照らし合わせ、言語化することが重要だと言われます。

つまり、単元のまとめで「絶対にこれは理解してもらいたい」という教師の思いがあるのなら、**教師が説明したりまとめたりするのではなく、むしろ子どもたち一人ひとりがまとめを自分で書くようにする必要がある**のです。

■第5学年「放送局とわたしたちのくらし」

次ページに示したのは、第7時後半の板書です。学習問題「テレビ放送局は信頼されるために、どのような取り組みをしているのだろうか」について話し合ったところです。

ここでは、次のような考えが子どもたちから出されました。

・専門家に確かめたりして、情報が正確かを確かめている。
・優先順位を考えて重要な情報を先に伝えている。
・話し合いながら、わかりやすく編集するようにしている。
・インターネットも使って速く情報を得ている。

(この後、「深めるタイム」を設定して、放送局の取り組みと農業や工業との共通点を話し合っています。「消費者」「品質」「最新技術」などが子どもたちが見いだした本質的な事柄です)

「では、話し合ったことを生かして学習問題についての自分のまとめを書きましょう」

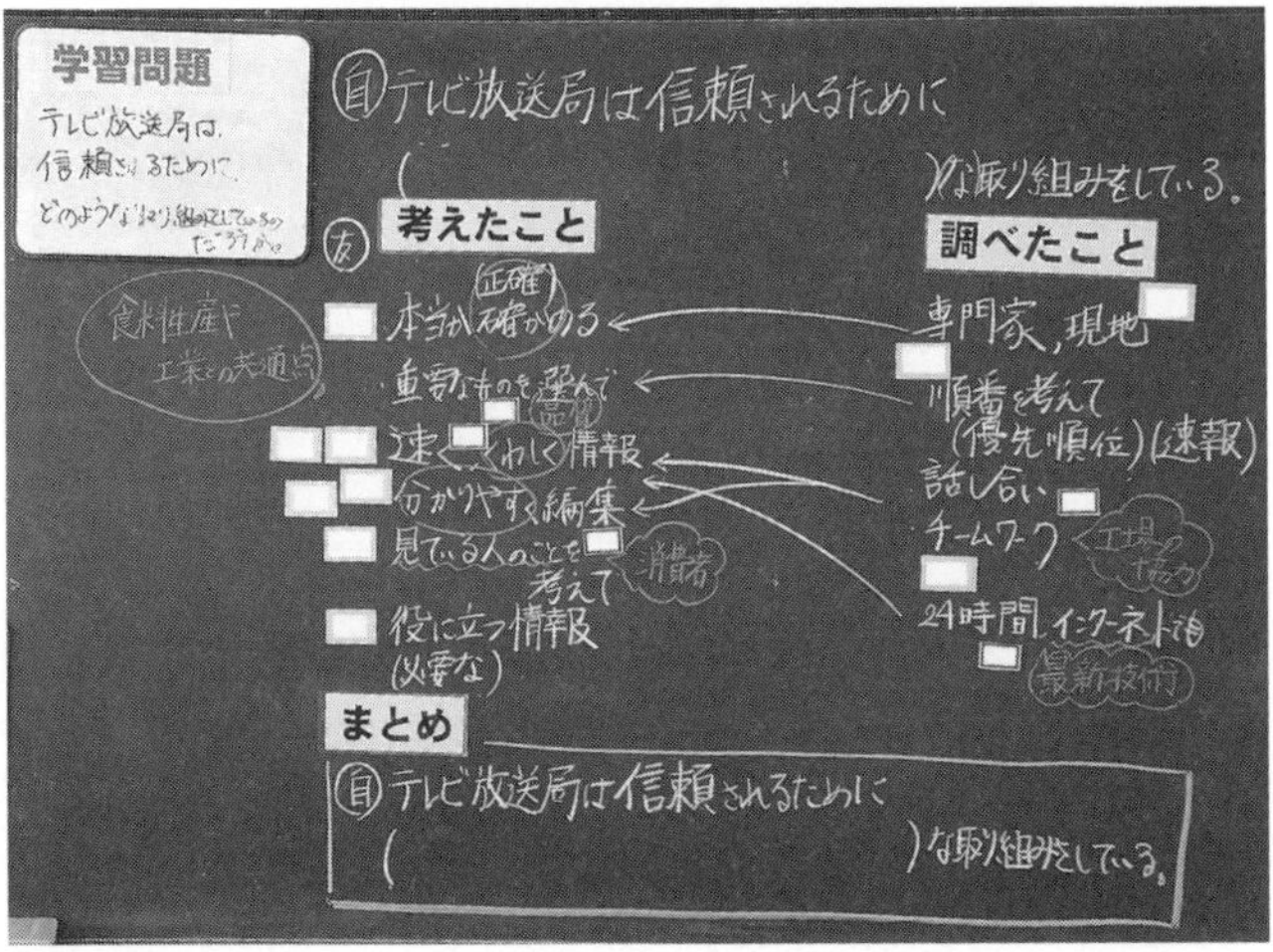

「テレビ放送局は信頼されるために、順番を考えて視聴者が今聞きたいと思う重要な情報を正確にくわしくして、なるべくそういう情報を手に入れるためにインターネットも使いたくさん集める取り組みをしている」

「テレビ放送局は信頼されるために、『食料生産』や『工業生産』のときのように、情報の質を大切にし順番を考えて見ている人のことを考えた取り組みをしている」

このようにすることで一人ひとりが自分の言葉で放送局の取り組みの意味を捉え、価値を見いだせるようになるのです。**書くことに苦労している子どもに対しては、書き出しを示すと思考を促すことができます。**

ポスターや新聞にまとめるのは、話し合いの後で

単元の「まとめる」場面でポスターや新聞などをつくることがあります。

それらの活動は、本章で見てきた、振り返った内容を図化する活動とどう違うのかを考える必要があります。このような作品づくりは、図にまとめることと位置づけが違うのです。つまり、**学習問題について話し合うためにつくるのか、学習問題について話し合ったあとの総まとめとしてつくるのかという違い**です。

図にまとめる活動は、情報を整理するだけでなく思考を促すことにもつながります（しばしばシンキングツールはその位置づけで取り入れられています）。

次ページの新聞は、第5学年「雪の多い地域のくらし」の単元の終末である子どもがつくったものです。ここには、調べてきたこと（気候の様子、大雪への対策、大雪の利用）

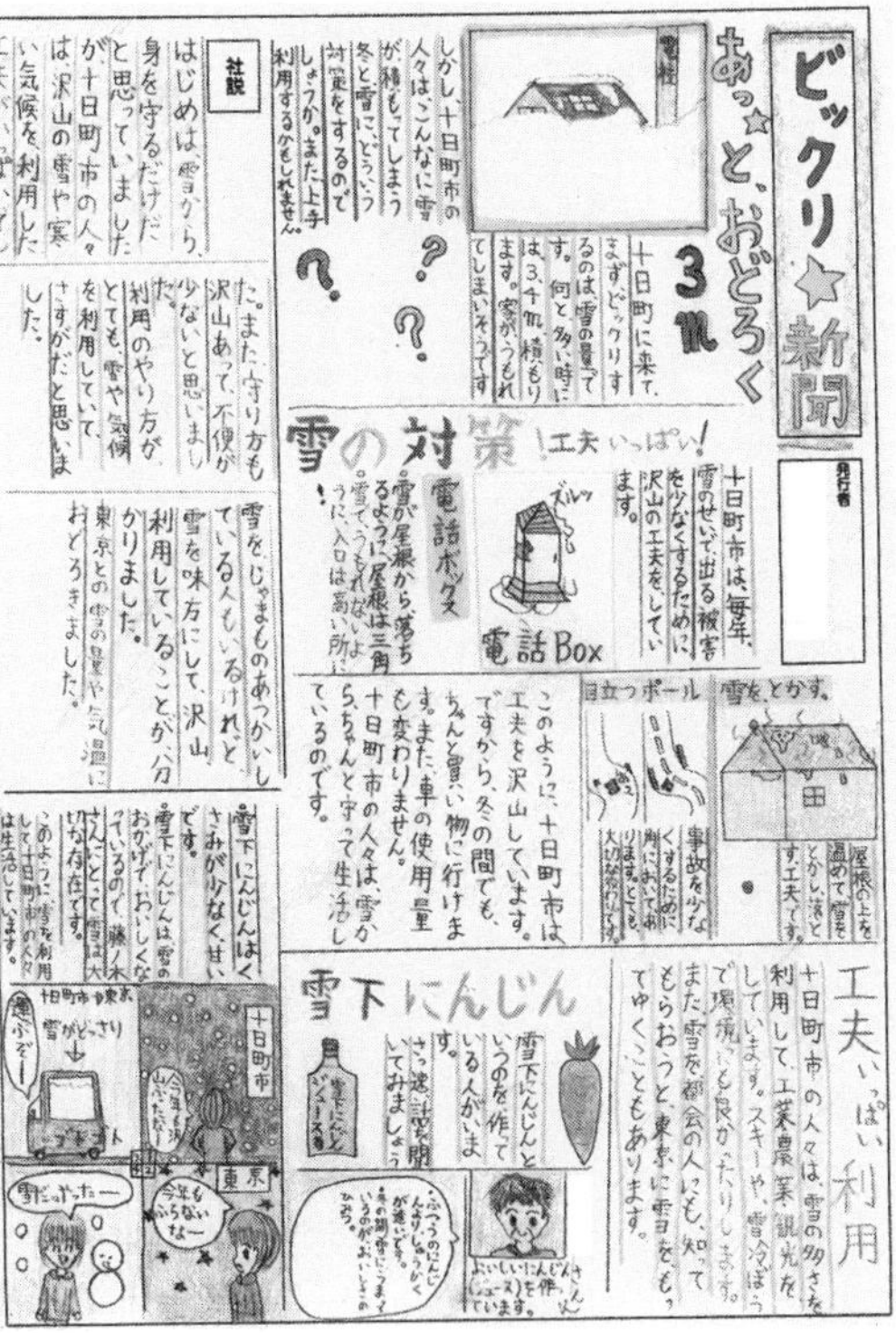

が整理され、社説としてこの地域の特色を自然環境とのかかわりから文章で表現しています。

このことからも、ポスターや新聞づくりなどは完成品となるため、単元を総括するものとして表現させることが適していると言えます。

・振り返った内容の図化……学習問題の話し合いの前
・ポスターや新聞など……単元の総まとめとして

■第4学年「県内の特色ある地域」

次ページのポスターは、単元の総まとめとして一人ひとりがつくったものです。

ここでは東京都の八丈島を取り上げて学習を行いました。この実践（2010年9月）では、八丈島での牛乳づくりを中心として取り上げ、島の自然を生かした取り組みが行われていることを学習しました。

学習問題について話し合い、まとめた後、「この八丈島の牛乳づくりをもっとたくさんの人に知ってもらいたい」という子どもたちの思いを基に、ポスターづくりに取り組むことにしました。

このポスターには次のことが表現されています。

・八丈島産の牛乳のおいしさ
・島の自然でつくられている

おいしー
いろいろな人の協力でできている
島の人の思いがたくさんつまっている
八丈島全ての学校で飲まれている
のうこう
島の自然でおいしい
島の自然で作られている
旅行のおみやげにも
おいしい
八《はち》丈《じょう》牛《ぎゅう》乳《にゅう》
4年（ ）組 名前（ 作

・島の人々の協力によって自然を生かした取り組みが行われている
・島の人（酪農家や牛乳工場）の思い

ここには、学習したことを網羅しつつも、この作品をつくった子どもの「八丈島の人々のよさを伝えたい」という思いがこもっていることが伝わってきます。

このような作品を評価する際には、**「どのような意図でこの作品をつくったのか」という解説を別途で書かせるようにする**とよいでしょう。見た目の出来映えだけでは、教師による印象の評価になりかねません。解説も合わせて判断することで、適切な評価を行うことができます。

第4章

振り返る

学習成果を捉え直し、新たな問いについて考える

学習したこととの矛盾を提示し、新たな問いを生み出す

第5学年「放送局とわたしたちの生活」の「まとめる」後の場面で、学習問題について考えをまとめた後の様子です。

学習指導要領（内容の取扱い）には、次のように書かれています。

「情報を有効に活用することについて、情報の送り手と受け手の立場から多角的に考え、受け手として正しく判断することや送り手として責任をもつことが大切であることに気付くようにすること」

本時は、この「受け手として正しく判断すること」に気づくことをねらったものです。

しかし、子どもたちに「情報とどうかかわるとよいですか?」と問いかけても、「情報を確かめることが必要だと思います」といった意見に終始してしまいそうです。

このように深まりのない意見になってしまうのは、子どもたちの中で問題意識が高まっていないからだと考えられます。

ここでは「なぜ受け手として正しく判断することが大切なのか」を、子ども自信が切実感をもって考えられるようにしていく必要があります。

そのための方法の1つとして、「まとめる」までの段階で学習してきたこととの矛盾を感じるような事例を提示することが考えられます。**矛盾を感じるところから問いが生まれ、学習したことを基に深まった考えをもつことにつながる**のです。

> ・学習したことへの矛盾を感じる事例の提示。
>
> ↓
>
> ・新たな問いが生まれ、学習内容への問い直しをする。

■第5学年「放送局とわたしたちのくらし」

本時では次のような事例を提示しました。

・東日本大震災で物資の供給が滞り、買いだめが発生した。
・「買いだめを控えるように」というニュースが出たことで、買いだめが加速した。

これらのことから「放送局がニュースを流したことはよかったのだろうか」を本時の問いとして学習を進めました。


「よかったと思います。ニュースを見て買うのをやめようと思う人が現れたからです」

「今後の見通しがわかって安心する人もいたと思うからよかったと思います」

「私はよくなかったと思います。『今すぐ買わなきゃ！』とあせって、買いだめする人が現れてしまったからです」

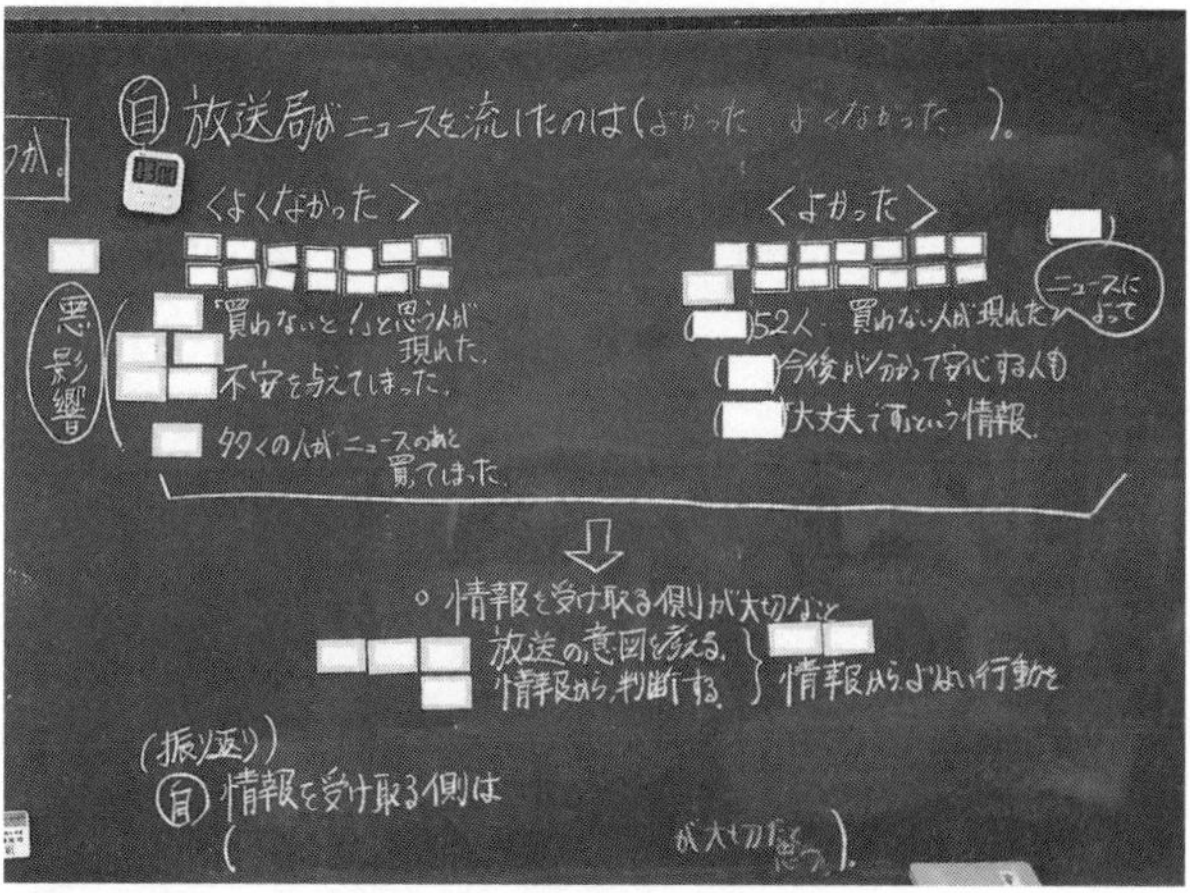

「見ている人に不安を与えてしまったからよくなかったと思います」

この話し合いを進める中で、単元のまとめである「放送局が正しく情報を発信していること」を踏まえつつ、**社会が混乱しないためには見ている人の受け止め方も大切なのではないかと子どもたちは気づいていきました**。

切実さを感じながら問題意識を高めていったことで、情報の真意を確かめることに加えて、情報を基にした人々の行動が社会にどのような影響を与えるのかも考えるようになりました。

このように、矛盾した事例を提示することで、学習したことを基にさらに考えを深めるきっかけを子どもたちがもつことができるのです。

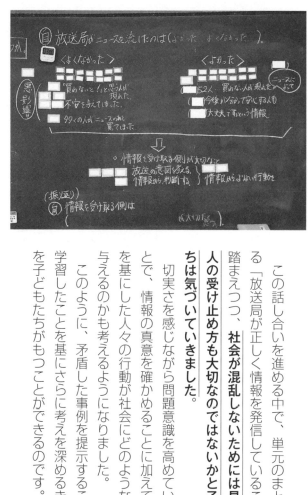

葛藤場面を経由することで、新たな問いを生み出す

第６学年「長く続いた戦争と人々のくらし」の「まとめる」後の場面です。学習問題について考えをまとめた後の様子です（p167の続きになります）。

社会科に限らず（例えば国語）、戦争を扱う単元では、平和な社会の在り方について考えることが大切です。将来を担う子どもたちが平和をどのようにつくっていくのか、自分なりに考えていく必要があります。

しかし、「戦争をしないためにはどのようなことが大切ですか？」と問いかけるだけでは「他の国と仲良くすることが大切です」といった表面的な考えに終始してしまうかもしれません（この点は前項と同様です）。

ここでは、子どもたちが当時の社会の様子を改めて見つめ直すことを通して、今の社会

の在り方を考えられるようにする必要があります。

つまり、「まとめる」段階までで学習してきたことへの問い直しをするのです。

そのために、**疑似的に葛藤場面に身を置かせます**。そうすることで、「どのようなことが平和な社会をつくることにつながるのか」と強い問題意識をもって考えられるようになるからです。

葛藤場面を設定するには、次の3つの方法があると言われています。

①どちらを選んでもよいが、1つしか選べない状況を提示する。
②一方を選ぶと、もう一方に悪影響が出る状況を提示する。
③どちらを選んでもデメリットしかないが、選ばざるを得ない状況を提示する。

■第6学年「長く続いた戦争と人々のくらし」

単元の「まとめる」段階までに、日本が戦争をすることにかかわって、子どもたちは次のようなことを捉えてきました。

・日本には資源がなく、他国から手に入れる必要があったこと
・世界と対立し、国際的に孤立したこと
・情報が統制され、国民が適切な判断ができなかったこと
・政治体制（法）によって、戦争が国家の中心的な考えとなったこと

学習を通して、子どもたちは「当時の人々は戦争の悲惨さを味わっていた」と感じていました。このような中、現在にかけて70年以上戦争をせずにいることを踏まえ、本時の問いを次のように子どもたちと設定しました。

「日本が戦争にならないために、当時の国民はどうすればよかったのだろうか」

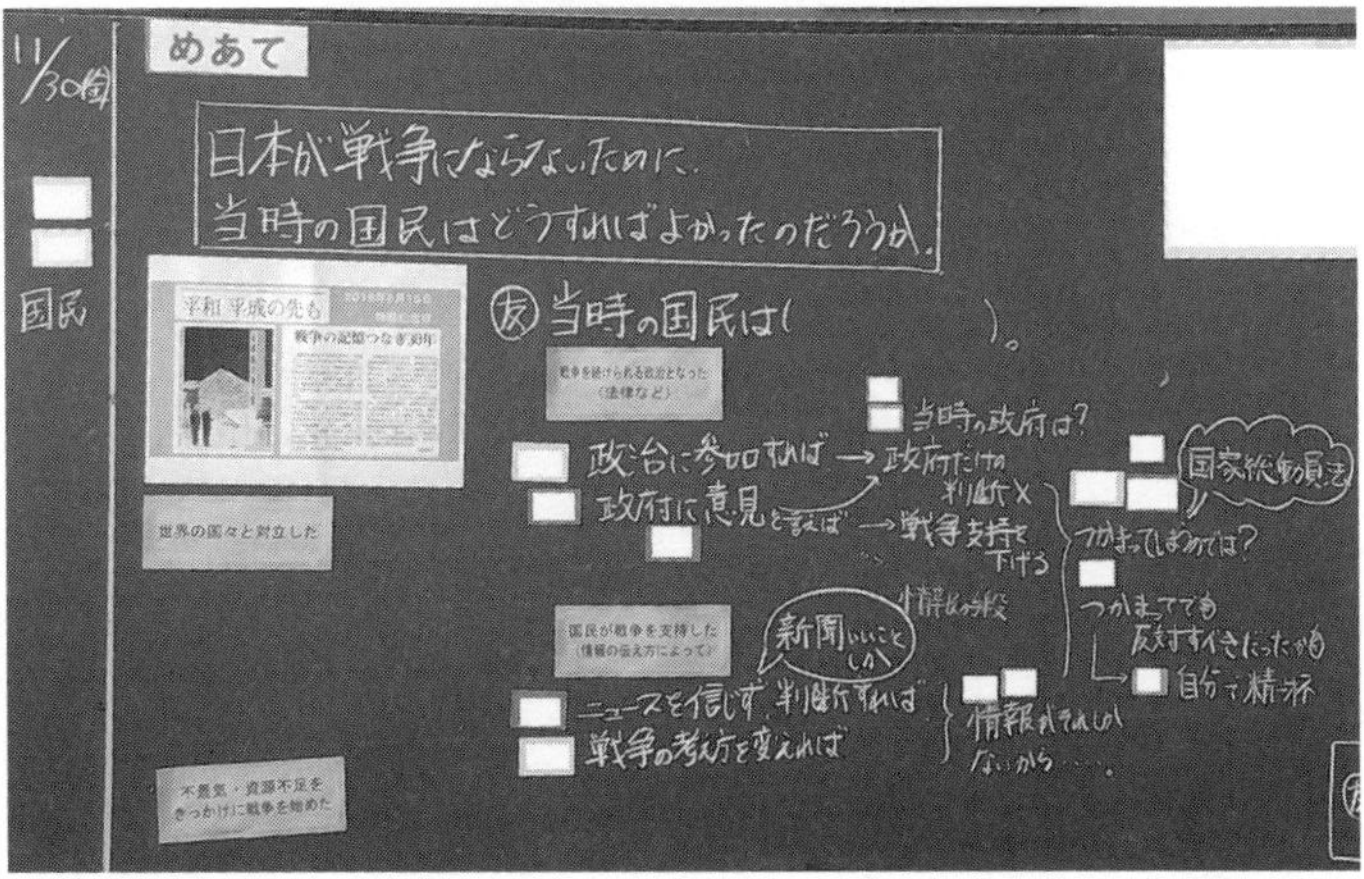

「政府に意見を伝えればよかったが、国家総動員法があるから反対はできなかった」

「戦況を正しく判断すればよかったが、情報が統制されていたからできなかった」

当時の国民にはその状況を改善することが極めて困難であったことに子どもたちは気づいていきました。

このことを踏まえ、現在は「政治が国民主権となっている」「自ら情報を得て判断することができる」といったことを再認識し、国民としての行動を考えるようになりました。

このように、**葛藤場面を設けることは、学習したことを再認識し、社会の在り方を具体的に考えることにつながる**のです。

学習したことをつなげて選択・判断できるようにする

第3学年「火事から地域を守る」の「まとめる」後の場面です。

学習指導要領の解説（p44）には、次のようなことが示されています。

「ここでは（中略）地域社会の一員として自分たちにも協力できることを考えたり、自分自身の安全を守るために日頃から心掛けるべきことを選択・判断したりして、それらを基に話し合うことなどが大切である」

つまり、この単元では学習をまとめるだけでなく、社会とのかかわり方を考えられるようにすることも大切なのです。

かといって、「では、自分はどんなことができますか？」と問うと、表面的な（単元の学習をしていなくても言えてしまうような）ことを答えるだけで終わってしまう可能性があります。

これは、**ここまでの学習とのつながりが途切れてしまい、その場の思いつきで考えてしまうことが要因**であると考えられます。

そうならないためには、ここまでの学習成果とつなげる場面を設定させていくことが大切です。

私は次のような活動を設定しています。

- 整理してきた関連図の中に「自分」を書き入れる。
- 「自分」はそれぞれの立場の人たちとどのようなことができるかを記述する。

■第3学年「火事から地域のくらしを守る」

次ページに示したのは、「まとめる」段階で整理した関連図です。

本時の問いは「火事を減らすために、自分たちはどのようなことができるだろうか」です。ここではすぐに自分たちにできることを考えさせるのではなく、まずは、関連図の内容を振り返るようにしました。その後、次のように作業手順を示し展開していきました。

「火事を防ぐために、消防署、119番、学校、地域などでかかわっている人たちがいましたね。みなさんだったら、だれのどの取り組みに協力できそうですか？　図に『自分』を書き込んで、矢印でできそうなことを書きましょう」

こうしてできたのが、次ページの関連図です。この子は次のように自分ができることを書き込んでいました。

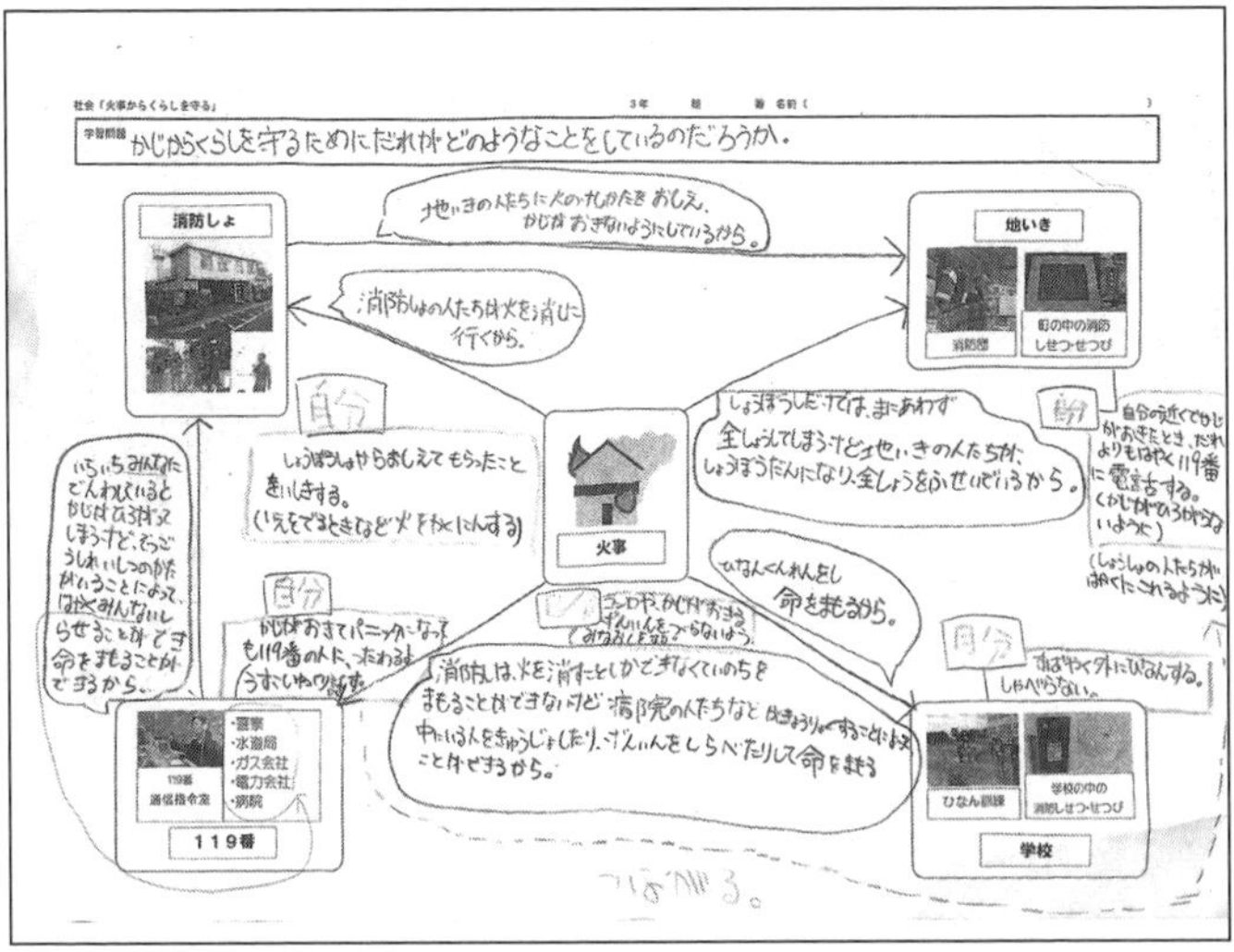

・消防署への協力→消防署から教えてもらったことを意識する（家を出るときなど火を確認する）

・地域の人への協力→自分の近くで火事が起きたとき、だれよりも早く119番に電話する（火事が広がらないように）

関連図への書き込みを通して、自分の位置づけを把握しながら取り組みを考えている様子が見られます。

単純に「自分には何ができますか？」と聞くだけではなく、**学習成果とつなげながら考えさせることで、社会の中で自分がすべきこと、自分ができることを具体的に考えられるようになる**のです。

自らの学習を調整する場面を設ける

第5学年「これからの食料生産」の「調べる」の場面です。この単元の指導計画は次のように進んできました（全7時間）。

①②③日本の食料生産の課題を把握し、学習問題をつくり学習計画を立てる。
学習問題「食料生産の課題がある中、どのようなことが大切なのだろうか」
④⑤⑥海外への食料輸出、六次産業化、地産地消についてグループ内で分担して調べ、改善の方策について話し合う。
⑦学習問題について話し合う。

近年**「（自らの）学習を調整する」**という言葉がよく聞かれるようになりました。

これは、**「主体的に学習に取り組む態度」と大きな関連がある**ものです。

学習を進めていると、多かれ少なかれ、つまずくことがあります。それを子ども自身が改善の方法を考え、乗り越えていく力、つまり、学習の進め方を自ら調整してよりよい方向に進むようにする力が必要です。

人は普段から、生活の中でこのような力を発揮して改善しているものですが、小学校社会科としての教科で身につけるべき力をはぐくむという視点で重視されるようになっています。


この単元の④~⑥時は、その学習調整が発揮しやすい場面であると考えます。

ここでは、3つのテーマから1人ずつ担当を決め、情報を基に改善策を考えていきます。その際、他のグループの同じテーマの子どもと情報交換をすることが可能です。

このような機会を設けていくことで、子どもが自らの学習を調整(改善)する力をはぐくむことにつなげます。

■第5学年「これからの食料生産」

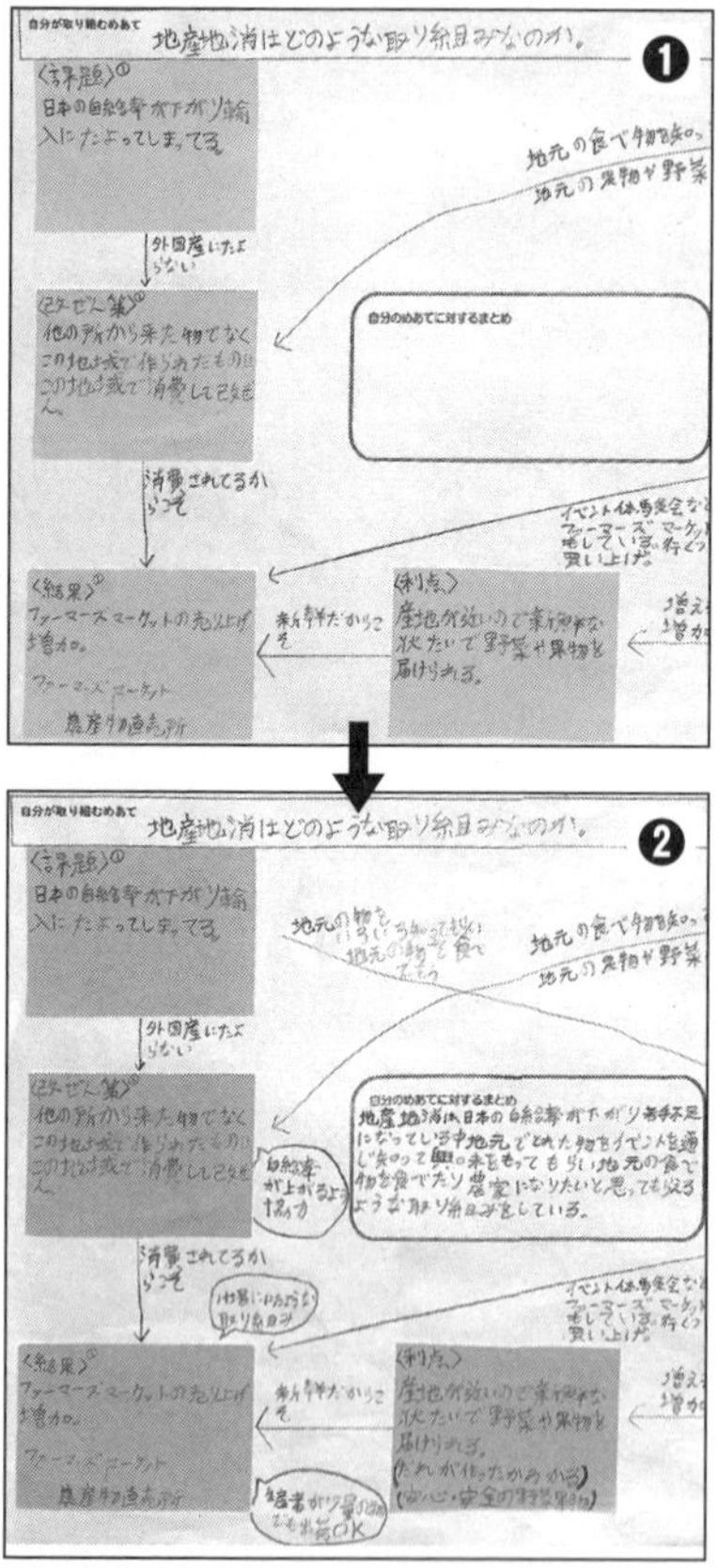

上掲の❶は「調べる」段階の第4時で整理した途中の関連図です。この子は「地産地消はどのような取り組みなのか」という問いに基づいて情報を集め、考えています。

この段階では、「日本の自給率が下がり輸入に頼ってしまっている」ことを課題と捉え、その改善策を「他のところから来たものではなくこの地域でつくられたものをこの地域で消費して改善」としました。また、その結果や利点として「売り上げが増加」「山地が近いので新鮮な状態で野菜や果物を届けられる」と整理しています。

その後、同じテーマで調べている子どもと交流したことで、自分の関連図には調べ足りないところがあるのではないかと感じ、相手から情報を得たり追加で調べたりしていました。

こうして仕上がったのが前ページ❷の関連図です。

ここでは改善策として書いていた「地域で消費する」ということについて、「自給率が上がるよう協力」するということを追記しています。また、「売り上げが増加」することについて、移動教室先で見たものがそのファーマーズマーケットであったことを追記し、自分の体験と結びつけて捉え直していました。

自らの学習を調整する力は様々な機会ではぐくまれるものです。一斉型の授業でも、一人ひとり何らかの学習調整を行っています。加えて、このように**自ら選択し改善を図る機会を設けていくことによって、その力を伸ばすことになる**のです。

振り返りは感想に留まらず、メタ認知を促す

第6学年「日本とつながりの深い国々」の単元の振り返りを書いている場面です。

前項で述べた「自己調整」とかかわって「振り返り」が学習の中で重要な位置を占めるようになりました。多くの場合、（本時や単元の）学習の最後に記述したり発表したりしています。

しかし、このようなことはないでしょうか。

「今日はたくさん調べられてよかったです。次もがんばりたいです」
「アメリカはたくさんの人種が暮らしていてびっくりしました」

これらも心情を素直に表したものと言えますが、あくまで感想レベルに留まっています。学習指導要領の解説（p135）では、振り返りについて次のように説明されています。

「（前略）主体的に学習に取り組めるよう学習の見通しを立てたり学習したことを振り返ったりして自身の学びや変容を自覚できる場面をどこに設定するか、（中略）といった視点で授業改善を進めることが求められる」

つまり、**振り返りは感想だけではなく、メタ認知をすることが必要**なのです。

メタ認知とは、簡単にいうと、自分自身について客観的に分析することです。

そのためには、「何について、どのように振り返るのか」を明確に伝えることが大切です。

- 感想……………………考えたことやそのときの気持ち
- 振り返り（メタ認知）…客観的な分析と自身への価値づけ

■第6学年「日本とつながりの深い国々」

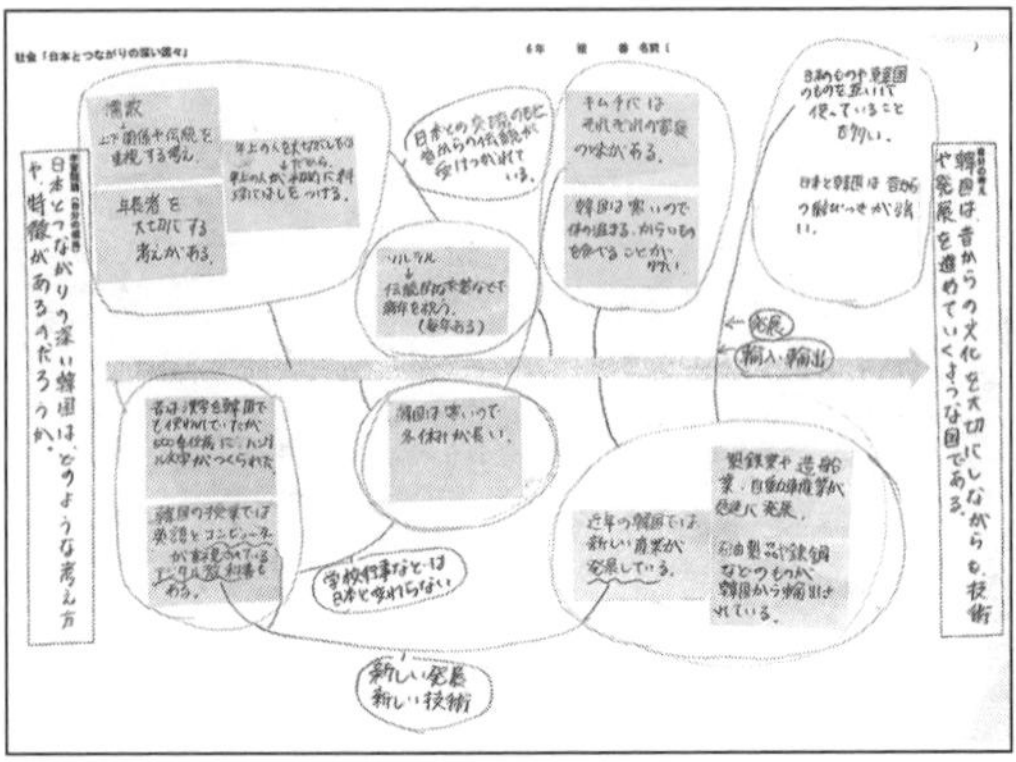

上に示したのは、単元終末で子どもが作成した特性要因図です。

韓国について視点をもって調べ、国としての特色を文章で表現しています。

この単元の冒頭（第2時）では、子どもたちと学習目標を設定しました。次ページにあるような4段階のものです。

例えば、「〇」は「学習問題に沿って（考えをまとめて）いる」としました。また「花まる（最上位）」では〇に加え「これまでの学習を生かし、日本と比べて考えている」としました。

これらを視点として、子どもたちは自分の学習につい

花まる	学習問題に沿っていて、これまでの学習を生かし、日本と比べて考えている。
◎	学習問題に沿っていて、これまでの学習を生かしている。
○	学習問題に沿っている。
△	学習問題に沿っていない。

て単元終末で振り返っていきました。

ある子は次のように書いています。

「今回の自分の学習は花まるだと思いました。理由は歴史の学習を生かし、日本とつなげて考えることができたからです。今後の自分の学習をよりよくするには、前の学習だけでなくニュースなども生かし世界の様子に関連づけて考えることが大切だと思いました」

振り返るとは、その瞬間に心に残ったことを書くのではありません。

このように、**自分の学習について分析し、次への改善方法に目を向けようと意識させていくことが大切**なのです。

振り返りは、ある程度の文章量を書けるように育てる

第3学年「事故や事件から地域のくらしを守る」の単元の振り返りを書いている場面です。

「いろいろわかってよかったです」

「警察の仕事がよくわかってよかったです」

このような子どもの振り返りの記述を見たことがある方は多いのではないでしょうか。具体的に（詳しく）書くことができていないのです。

1つめの振り返りについては、「いろいろ」が具体的に何なのかを詳しく書けていません。子どもは困ったときや言葉で表現しにくいとき、よく「いろいろ」を使います。

2つめの振り返りについては、「よかったです」という価値づけが具体的ではありません。この「よかったです」も、子どもがよく使う曖昧な表現です（私自身の経験では、「家族に知らせたいです」という表現を頻繁に使う子もいました）。

書くこと、つまり言語化することは、深く思考しようとする態度を養うことにもつながります。

そのためには、**ある程度の文章量を書けるように育てることが必要**です。これにはコツはありません。**とにかく継続していくこと**です。

とはいえ、私は次の2つを意識して継続的に指導しています。

- 行数を指定して、その行に到達するまで文を続けるよう声をかける。
- 曖昧な表現に対して具体的に書くよう助言する。

■第3学年「事故や事件から地域を守る」

次ページの振り返り（原文ママ）は、3年生の子が書いた単元の振り返りで、約230字の文章量です。次のようなことを記述しています。

・自分は目標を基にすると◎だった。
・事故や事件から暮らしを守る働きは、消防のときの学習と似ていた。
・グループでの話し合い時は、わかりやすく短い言葉でまとめられた。
・次の単元で地域にある古いものを調べてみたい。

4月から継続的に指導をしてきたことで、3年生でも、一文で終わってしまったり、まったく何も書けなかったりという子どもはいなくなりました。

一文で終わってしまったり、少ない文章量に留まってしまう子どもには、次のような声

私は◎だと思いました。火事の学習と同じで、やっぱり地域の人たちも協力しているんだなと思いました。自分の意見では交通管制センターは何をやっているのかとかを班で話し合うときに、「どのようにまとめる？」などと協力して話し合えたし、まとめるときはむずかしかったけど分かりやすく短くまとめられたのでよかったです。次がんばりたいことは、（世田谷区の）歴史で、学校の周りにも古くからあるものが多いから何年前からあるのか調べていきたいと思いました。

かけをするとよいでしょう。

「『いろいろ』って詳しくいうとどんなこと？」
「すごいなと思ったり、なるほどと思ったりしたことってどんなこと？　何でそう思ったの？」

このような指導・支援を続けていきつつ、「最後の行まで書きましょう」と文章量の基準を明確に伝えることで子どもの振り返る力は鍛えられていきます。

一朝一夕には力はつきませんが、**「たくさん書けるようになった」という成果を積み重ねることは、学習への自信にもつながります。**

ルーブリックを共有し、学習方法も振り返る

第5学年「これからの食料生産」単元の振り返りです。

「地産地消は、自給率を上げることや農家の人の働き甲斐にもつながるものだとわかりました」

「六次産業化をすると、他とは違った特別な品をつくることができるとわかりました」

子どもは「自分は何を学んだか（何がわかったか）」という学習内容に目を向けがちです。それ自体は決して悪いことではありません。しかし、これに加えて、**「自分はどのように学んだか」という学習方法にも目を向けられるようにすると、「調べ方」や「考え方」が深まり、次の単元で自ら活用するようになっていきます。**

☆	いくつかのことを組み合わせながら、学習問題に沿って考えられている。前の学習と似ているところを考えられている。
◎	いくつかのことを組み合わせながら，学習問題に沿って考えられている。
○	学習問題に沿って考えられている。
△	学習問題に沿って考えられていない。

そのためには、学習の到達基準（ルーブリック）を子どもたちと共有することが有効です。

ルーブリックは、もともと評価として用いるものですが、これを**易しい言葉で子どもたちと共有することで、学習の目標として子どもたちが意識できるようになります**。例として上に示したのは、3年生の子どもたちに示したルーブリックです。

3年生では、集めた情報を関連づけて考える力を養うことが必要です（「（前略）人々の安全を守る関係機関の相互の関連（中略）を考える力を養うようにする（後略）」（学習指導要領解説p33）など）。

このように、単元として目指す力を基に学習目標を共有すると、学習方法についても自覚的に振り返ることができるようになります。

■第5学年「これからの食料生産」

次ページに示したのは、この単元で子どもたちと共有したルーブリックです。「食料の輸出」について調べ、まとめた子は、これを基に単元終末で次のように振り返りを書きました（原文ママ）。

・大切なことや、協力していることなどはかけているけど、輸出している食品の量なども書きたい。
・理由などばっかりかいているから、学習問題にもうすこしそって考えたい。
・友だちからどんな物を輸出しているのかなどをきいていけんこうりゅうしたり、もういちどしりょうをよみかえしたりしたい！

この子は学習方法として「どのような情報を集めるべきだったのか」「考える方向性を学習問題にもっと沿わせた方がよかったのではないか」と考えていると言えます。

◎	これまでの学習も使って考えられている。
○	学習したことを使って考えられている。
▲	学習問題に対して学習したことを使わずに考えてしまっている。単元の学習とは関係ないことを考えてしまっている。

②自分の調べ方についての振り返り

・大切なことや、協力していることなどはかけているけど、輸出している食品の量なども書きたい。

・理由などばっかりかいているから、学習問題にもうすこしそって考えたい。

・友だちから、どんな物を輸出しているのかなどをきいていけんこうりゅうしたり、もういちどしりょうをしなうをよみかえしたりしたい!

特に調べ方については、「具体的な情報」をより集めることが必要だったと考えるようになっています。

ここで振り返ったことは、次単元での改善につながることでしょう。

このように、学習内容だけでなく、学習方法についても振り返ることで、自らの学習を調整する力をはぐくむことにもつながるのです。

なお、**子どもと話し合いながらルーブリックをつくる際には、最も下位（△）のものから始めるとよい**でしょう。中位・上位・最上位を考える際に、1つずつ段階を上げた姿を想定しやすくなります。

相互評価を生かして自己評価を行う

第3学年「販売の仕事」の単元の振り返りです。

振り返りの場面では、多くの場合、自己評価を行っていることでしょう。1年生から6年生まで共通の振り返りの視点を導入して校内研究を行っているケースも多く見られます。しかし、3年生ぐらいで自己評価をさせると、できていないのに「できました」と書いてあったり、その逆だったり、ということがよくあります。

一般にメタ認知の力は高学年になって発揮されると言われています。

このように、発達段階としての難しさがある中ですが、相互評価を自己評価に生かすというアプローチを取ることで、自己評価の精度を高めることができます。

『社会科教育事典』（ぎょうせい、p276、277）には「自己評価」の効果について次のような説明があります。

「学習の過程や結果について、学習者自身が主体的に目標を設定し、自分を高めていこうとする自己教育力を養うことができる」

「学習者自身が設定した評価基準に基づき、自分の進歩の状況を確認できるため、学習に意欲的になり、自分自身で課題を発見するなど、次の学習への動機付けができる」


相互評価を自己評価に生かす具体的な手順は、次の通りです。

①ノートや図、作品など自分がつくったものを相手に説明する。
②どういうところがよくできていて、どんなことを改善するとよいのか、相手からアドバイスをもらう。
③もらったアドバイスを基にして、自己評価を行う。

基本的にはペアで行うとよいでしょう。対話をすることで、相手の言葉を通して自分の成果と課題を客観的に捉えることができるようになります。

■第3学年「販売の仕事」

単元終末、まずは席の隣同士で相互評価を行っています。

自分がつくったデータチャート（p125参照）を説明して、よかったところと改善方法を教えてもらっています。ここでの相互評価の視点は、次ページのルーブリックに示したものになります。

「○○さんのデータチャートは、肉や魚にラベルが貼ってあることについてちゃんと理由が書いてあるところがいいと思うよ。やっていることをもっと詳しく書くとよくなると思います」

このような言葉をもらったことを踏まえて、ある子は次のように自己評価を行いました。

「自分は◎だと思います。なぜなら□イ□ノートでスーパーマーケットがしていること

「はん売の仕事」の学習をふり返ろう

1　学習の目ひょうをかくにんしよう

◎	スーパーマーケットがしていることを見つけて、どうしてそれをするのかを考えられている。お客さんがたくさん来ることともつなげて考えている。
○	スーパーマーケットがしていることを見つけて、どうしてそれをするのかを考えられている。
▲	スーパーマーケットがしていることを見つけられていない。

「はん売の仕事」の学習をふり返ろう

2　友だちにワークシートとデータチャートを見せて、よかったところを教えてもらおう。
→交代する。

「はん売の仕事」の学習をふり返ろう

3　ワークシートにふり返りを書く。
①自分は◎・○・△のどれだと思ったのか。理由。
②次の学習（しょうぼう）でがんばりたいこと

4　ロイロ「社会科まとめ作品」でさつえいし、提出箱に入れる。

をたくさん書いて、どうしてそれをするのかやお客さんがたくさん来ることともつなげてたくさん書いたからです。例えば、パンだったらお店で焼き立てをつくってそれを食べてもらえておいしいと思ってもらえるからたくさん来ると考え、書いたからです」

　ここには自分の学習の様子を客観的に捉え、具体的に自己評価していることがうかがえます。

　このように、自己評価を相互評価とつなげて行うことによって、メタ認知を補えるようになります。**このアプローチは、高学年でも有効**です。

1枚ポートフォリオで、学習履歴を一覧できるようにする

第3学年「販売の仕事」で単元の振り返りをしている場面です。

自己評価を行う際、子どもたちは自分の学習の結果だけではなく、プロセスも加味しながら評価をしています。そもそも、自己評価は、評価する本人が評価の対象です。結果がうまく行ったかどうかももちろん判断しようとしているでしょうが、「うまく行かなかったけれど、こういうところができていた」とも捉えようとしています。

しかし、記憶に頼ってばかりの印象評価では効果的ではありません。

先に述べたように、**自己評価にはメタ認知の力が必要であるとともに、自己評価に取り組むことを通して、その力を伸ばしていくことも大切**です。

「1枚ポートフォリオ」という手法があります。これは山梨大学名誉教授の堀哲夫先生

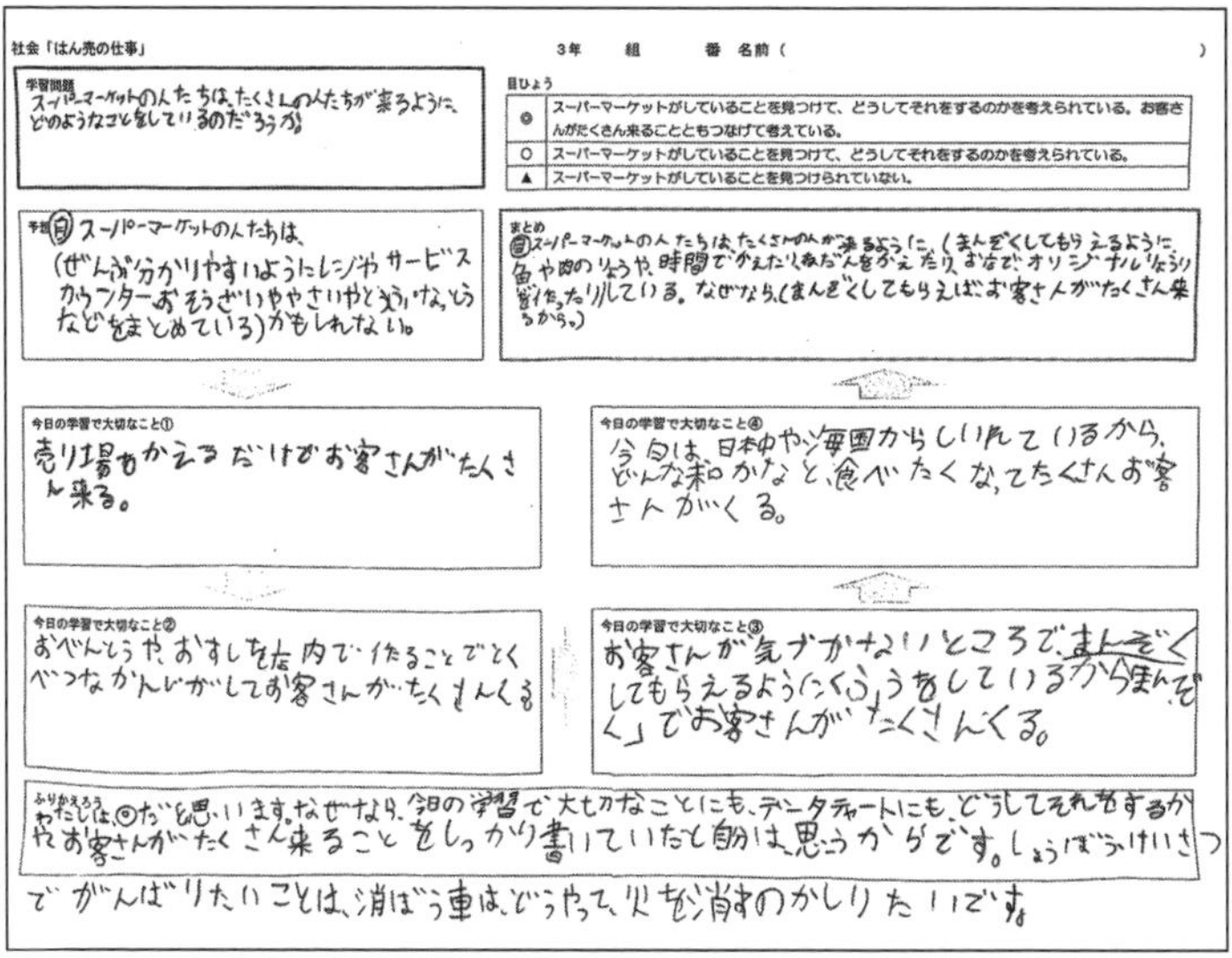
社会「はん売の仕事」　3年　組　番　名前（　　　）

学習問題
スーパーマーケットの人たちは、たくさんの人たちが来るように、どのようなことをしているのだろうか。

目ひょう

◎	スーパーマーケットがしていることを見つけて、どうしてそれをするのかを考えられている。お客さんがたくさん来ることともつなげて考えている。
○	スーパーマーケットがしていることを見つけて、どうしてそれをするのかを考えられている。
▲	スーパーマーケットがしていることを見つけられていない。

予想　自 スーパーマーケットの人たちは、（ぜんぶ分かりやすいようにレジやサービスカウンターおそうざいややさいやとうふ、なっとうなどをまとめている）かもしれない。

まとめ　自 スーパーマーケットの人たちは、たくさんの人が来るように、（まんぞくしてもらえるように魚や肉のりょうや、時間でかえたり、ねだんをかえたり、お店でオリジナルなうり場作ったりしている。なぜなら、（まんぞくしてもらえばお客さんがたくさん来るから。）

今日の学習で大切なこと①
売り場をかえるだけでお客さんがたくさん来る。

今日の学習で大切なこと②
おべんとうやおすしを店内で作ることでとくべつなかんじがしてお客さんがたくさんくる

今日の学習で大切なこと③
お客さんが気づかないところで、まんぞくしてもらえるようにくふうをしているから「まんぞく」でお客さんがたくさんくる。

今日の学習で大切なこと④
今日は、日本中や海国からしいれているから、どんな和かなと、食べたくなってたくさんお客さんがくる。

ふりかえろう
わたしは、◎だと思います。なぜなら、今日の学習で大切なことにも、データチャートにも、どうしてそれをするかやお客さんがたくさん来ることをしっかり書いていたと自分は思うからです。しょうぼうけいさつでがんばりたいことは、消ぼう車は、どうやって、火を消すのかしりたいです。

が開発されたものです。私はこの理論を参考に上のワークシートを作成しています。具体的には次のような構成になっています。

・左上…学習問題と予想
・中段…調べてわかったこと（各時の大切なこと）
・右上…（学習問題の）まとめ
・下段…単元の振り返り

前項で述べた相互評価に加え、このような1枚ポートフォリオを用いることで、自身の学習を俯瞰的に捉えることにつながります。

■第3学年「販売の仕事」

前ページにあるのは、この単元でのある子どもの1枚ポートフォリオです。

中段「調べてわかったこと（各時の大切なこと）」には、次のような記述が見られます。

・売場を変えるだけでお客さんがたくさん来る。
・お弁当やおすしを店内でつくることで特別な感じがしてお客さんがたくさん来る。
・お客さんが気づかないところで満足してもらえるように工夫をしている。
・日本中や海外から仕入れているから、どんな味かなと食べたくなってたくさんお客さんが来る。

また、「予想」と「まとめ」を見比べると次のような変容が見られます。

・予想…全部わかりやすいようにレジやサービスカウンター、お総菜や野菜や豆腐・納豆など（の売場）をまとめているかもしれない。

・まとめ…満足してもらえるように、魚や肉の量や時間（時刻）で変えたり、値段を変えたりお店でオリジナル料理をつくったりしている。

前項で述べた相互評価も踏まえつつ、「単元の振り返り」は次のように書いています。

・わたしは◎だと思います。なぜなら今日の学習で大切なことにもデータチャートにも、どうしてそれをするかやお客さんがたくさん来ることをしっかり書いていたと自分は思うからです。

このように、自分の学習履歴を一覧できるようにしておくことによって、**「どのように理解が深まってきたのか」「予想のころと比べて、自分の考えはどのように変化したのか」といったことを、印象ばかりに頼らずに捉えることができます。**

こうして自身の変容に気づけるようにしていくことは、成長の実感につながり、主体的に学習に取り組む態度をはぐくむことにもなるのです。

デジタルポートフォリオを活用する

第6学年「世界の未来と日本の役割」の単元終末の場面です。

多くの場合、この単元は小学校社会科の最後の単元に位置づけられています。小学校社会科の総まとめのような位置づけであるのならば、子どもたちにここまで学習してきたことを存分に活用してもらいたいところです。しかし、子どもたちは直近の強く印象に残っていること（例えば、戦争についての学習）ばかりに注目しがちです。

そこで注目したいのが、「デジタルポートフォリオ」です。

総合的な学習の時間を中心に「ポートフォリオ」を用いた学習活動が広がっています。「ポートフォリオ」とは、子どもが学習し作成してきた成果物をファイリングしていき、自身の学習履歴を振り返って価値づける活動です。京都大学の西岡加名恵先生によると、「メタ認知」にかかわる力の育成に通じる評価方法であり、学習活動だそうです。

また、2020年度から、いわゆる「1人1台端末」が急速に普及し、各学校、各実践者が様々な活用方法を提案しています。

地区によっては「ロイロノート」などの学習支援アプリが導入されていることでしょう。これは**「子ども自身が学習履歴（ポートフォリオ）を管理する」**という形で使うことができます。

学習履歴の管理のさせ方については、実践者によっては、1年間のノートを合本の形にさせて、すぐに既習を振り返られるようにしている方もいますし、ワークシートにまとめてきた関連図や年表などをファイリングさせている方もいます。

これを学習支援アプリを用いてデジタルポートフォリオ化すると、必要に応じてより素早く既習を確かめ、現在の学習とつなげられるようになります。

デジタルで管理することによって紛失しにくくなり、ワークシートを広げる煩雑さも解消されるので、既習事項を振り返りやすくなります。

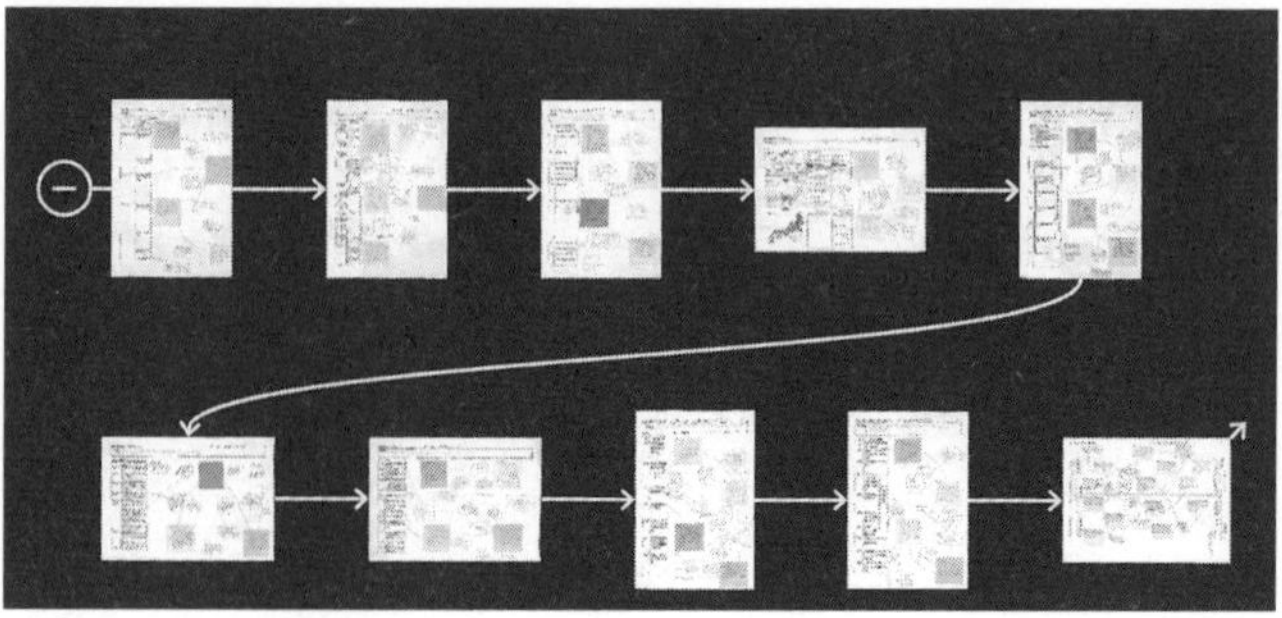

第6学年「世界の平和と日本の役割」

上の写真は、この単元での、ある子のデジタルポートフォリオ（ロイロノート）です。歴史学習で作成してきた年表、「日本とつながりの深い国々」で作成した特性要因図があります。ご覧のように、紙にすると10枚もの学習履歴です。

この単元では、歴史的な背景や産業学習なども含めた日本の発展などの既習も活用しながら考えることで、「日本の役割」を深く捉えられるようになると考えます。関連図を作成する際に、子どもたちがこのデジタルポートフォリオを活用できるようにしておくのです。

次ページにあるのは、ある子が作成した関連図です。

ここでは「世界の問題」「日本の取り組み」「国際連合の働

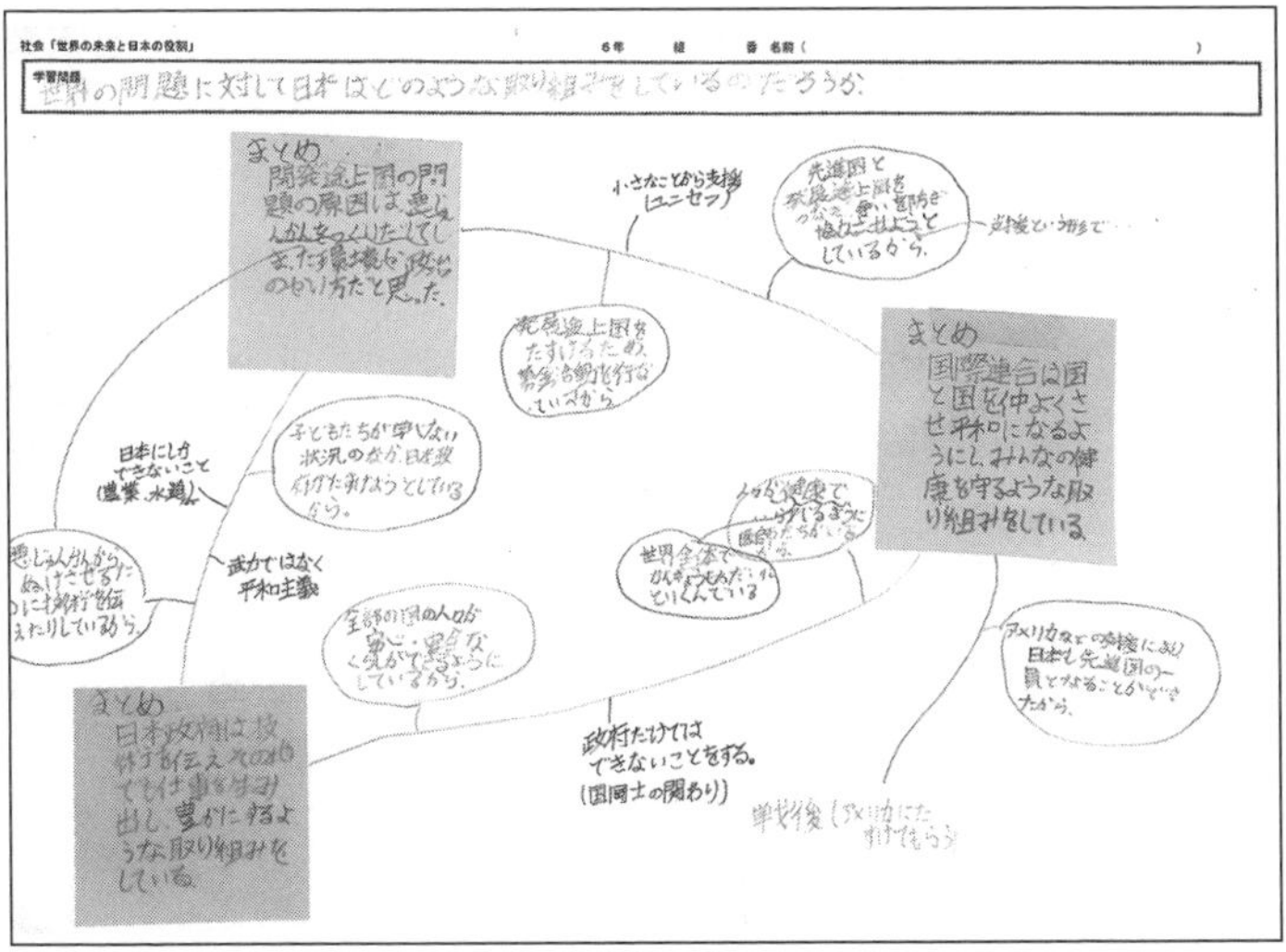
社会「世界の未来と日本の役割」
6年 組 番 名前（ ）
学習問題
世界の問題に対して日本はどのような取り組みをしているのだろうか。
まとめ
まとめ
まとめ

き」の関連を考えていきました。

その中である子は、歴史学習を振り返り「戦後アメリカに助けてもらう（助けてもらった）」が関連図づくりに関係があると考えました。

「アメリカなどの支援により、日本も先進国の一員となることができたから」と関連図に書き、国際連合に日本がかかわることの意味を考えられるようになりました。

社会科学習の中で作成してきたこれまでの成果物を、タブレット端末などを活用し、デジタルで管理・保存することによって、**子ども自身による既習の確認と活用が促され、深い理解へとつながっていく**のです。

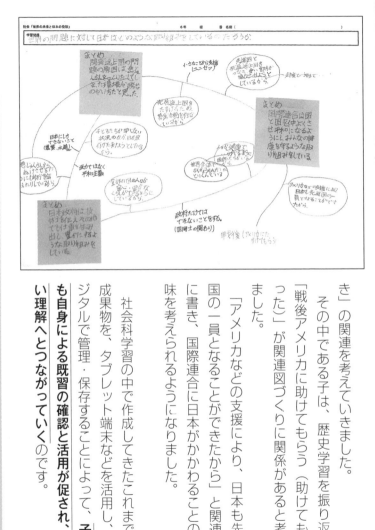

おわりに

「授業改善」について、２０１７年告示の学習指導要領解説総則編では次のような視点が示されています（ｐ77）。

①　学ぶことに興味や関心を持ち、自己のキャリア形成の方向性と関連付けながら、見通しをもって粘り強く取り組み、自己の学習活動を振り返って次につなげる「主体的な学び」が実現できているかという視点。

②　子供同士の協働、教職員や地域の人との対話、先哲の考え方を手掛かりに考えること等を通じ、自己の考えを広げ深める「対話的な学び」が実現できているかという視点。

③　習得・活用・探究という学びの過程の中で、各教科等の特質に応じた「見方・考え方」を働かせながら、知識を相互に関連付けてより深く理解したり、情報を精査して考

えを形成したり、問題を見いだして解決策を考えたり、思いや考えを基に創造したりすることに向かう「深い学び」が実現できているかという視点。

本書で示してきた多くの方法は、これらの授業改善の視点につながるものです。中には、「なぜうまくいかないのか」という解説を加えているものも多くありますが、それらは、私自身が経験したことでもあります。

これらの方法を、ぜひ読者の皆様が実践してみてください。そして、もしうまくいかなかったときには、自分なりにさらなる改善を加えて新たな方法を見いだしてみてください。

本書が皆様の授業改善の1つのきっかけとなることを願っています。

本書の執筆にあたっては、明治図書出版の皆様、とりわけ教育書編集部の矢口郁雄さんには大変お世話になりました。この場を借りて、厚く御礼を申し上げます。

2022年6月

横田富信

【著者紹介】

横田　富信（よこた　とみのぶ）

1979年生まれ。東京都世田谷区立代沢小学校指導教諭。
東京都八王子市出身。国立教育政策研究所「評価規準、評価方法等の工夫改善に関する調査研究」協力者。
著書に『社会科が得意な先生・子どもも、苦手な先生・子どもも、授業がおもしろくてたまらなくなる本』（単著、東洋館出版社、2022年)、『黒子先生の見えざる指導力』（単著、東洋館出版社、2020年)、『小中社会科の授業づくり　社会科教師はどう学ぶか』（共著、東洋館出版社、2021年)、『小学校社会　指導スキル大全』（共著、明治図書、2019年）ほか。

子どもが進んで学び出す
小学校社会　問題解決的な学習の支え方

2022年7月初版第1刷刊 ©著　者 横　田　富　信
発行者 藤　原　光　政
発行所 明治図書出版株式会社
http://www.meijitosho.co.jp
（企画）矢口郁雄（校正）大内奈々子
〒114-0023　東京都北区滝野川7-46-1
振替00160-5-151318　電話03(5907)6701
ご注文窓口　電話03(5907)6668

＊検印省略　組版所 株　式　会　社　カ　シ　ヨ

Printed in Japan　ISBN978-4-18-388127-4

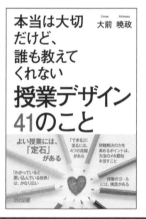

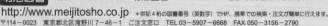

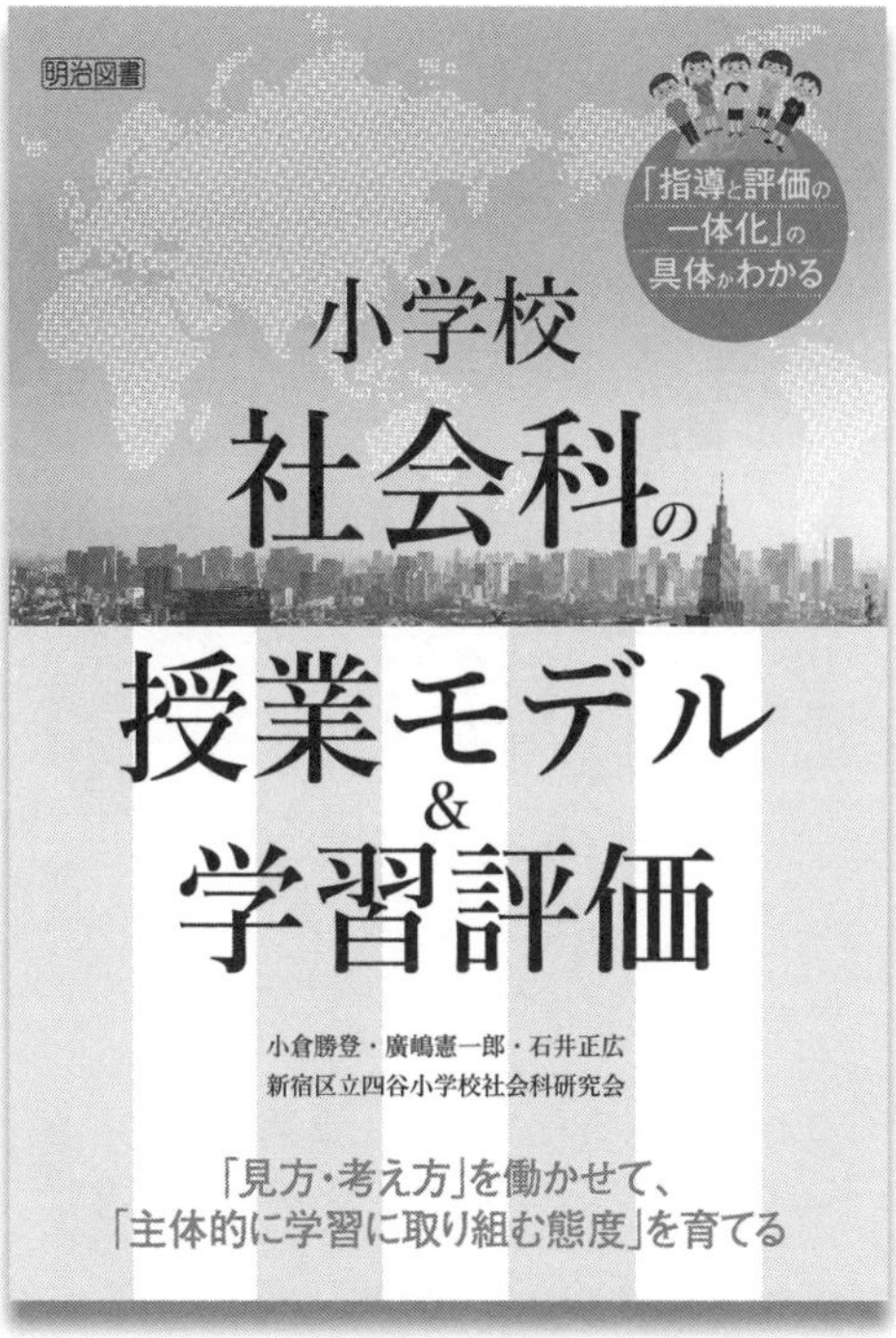
明治図書
「指導と評価の一体化」の具体がわかる
小学校
社会科の
授業モデル
&
学習評価
小倉勝登・廣嶋憲一郎・石井正広
新宿区立四谷小学校社会科研究会
「見方・考え方」を働かせて、
「主体的に学習に取り組む態度」を育てる

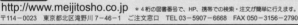

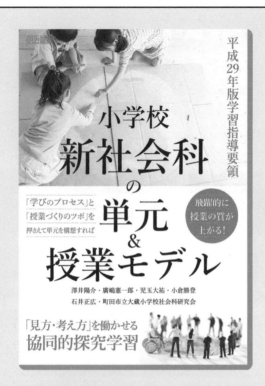